AF287158

Heinz Ulrich

Die Infanterie-Divisionen „Ulrich von Hutten" und „Theodor Körner"

in den letzten Tagen des Zweiten Weltkrieges bei der 12. Armee Wenck

dr. ziethen verlag
Oschersleben

Für den Umschlag wurde eine Fotografie aus der Sammlung Schwerdtfeger (Stadtarchiv Tangermünde) verwendet.

Bibliografische Information der Deutschen Nationalbibliothek:
Die Deutsche Nationalbibliothek verzeichnet diese Publikation
in der Deutschen Nationalbibliografie; detaillierte bibliografische Daten sind im
Internet über http://dnb.d-nb.de abrufbar.

© dr. ziethen verlag
Friedrichstraße 15a, 39387 Oschersleben
Fon 03949 4396, Fax 03949 500 100
www.dr-ziethen-verlag.de
email: info@dr-ziethen-verlag.de
2016

Satz & Layout dr. ziethen verlag
Satz mit QuarkXPress auf Macintosh
Druck Halberstädter Druckhaus
ISBN 978-3-86289-125-2

Inhalt

Einleitung 7

Infanterie-Division „Ulrich von Hutten" **10**
Aufstellung und Stellenbesetzungsplan der Division 10
Der Kampfeinsatz der Division 14
Die Aktivitäten des deutschen XXXXVIII. Panzer-Korps in Mitteldeutschland 15
Das XX. Armeekorps 16
Die Verteidigung an der Muldefront 17
Die Truppenverlegungen der 12. Armee 26
Der Kampf um die Lutherstadt Wittenberg 29
Der letzte deutsche Angriff 34
Ausbruch der 9. Armee aus dem Kessel von Halbe 38
Die Absetzbewegung zur Elbe 41
Kapitulation – Die letzten Stunden der 12. Armee 46
Das Kriegsende im Mai 1945 58

Grenadier-Division „Theodor Körner" **61**
Aufstellung der Division 61
Stellenbesetzungsplan der Infanterie-Division „Theodor Körner" 62
Der erste vorgesehene Kampfeinsatz 65
Das Grenadier-Regiment 3 der Division „Theodor Körner" 65
Kehrtwendung nach Osten 67
Die Kämpfe in und um Treuenbrietzen 67
Der Rückzug zur Elbe 79
Die letzten Kämpfe 81
Gefallenengedenken im Schlosspark zu Schönhausen im April 1995 87

Einleitung

Diese Dokumentation vervollständigt die bisher erschienenen Buchausgaben von Divisionen der 12. Armee „Wenck", die noch im April 1945 zur Aufstellung und zum Einsatz kamen. Mit dieser Ausgabe wird versucht, die vorhandenen Wissenslücken über die militärischen Operationen der Infanterie-Divisionen „Ulrich von Hutten" und „Theodor Körner" zu schließen und diese Einheiten der Öffentlichkeit als gesonderte Buchausgabe vorzustellen. Der Autor hat es sich zur Aufgabe gemacht, alle verfügbaren Buchhinweise, Unterlagen in Archiven und persönlichen Erlebnisberichte sowie Eindrücke ehemaliger Kriegsteilnehmer dieser Divisionen und Ortschronisten, die sich finden ließen, zusammenzutragen und zu veröffentlichen. Trotzdem besteht kein Anspruch auf Vollständigkeit und Beseitigung aller Widersprüche.

Für die Darstellung der Ereignisse dieser beiden Divisionen haben mir die Veröffentlichungen von Günter Gellermann „Die Armee Wenck – Hitlers letzte Hoffnung", Gottfried Herrmann „… Wittenberg brennt", Henrik Schulze „19 Tage Krieg", Jürgen Möller „Endkampf an der Mulde" und Horst Kaczmareck „Speerspitze auf Dessau", sowie die zahlreichen Erlebnisberichte, die Herrn Wolter aus Brandenburg gesammelt hat, geholfen, eine aussagefähige Zusammenfassung von der Aufstellung, den Einsatzorten und dem Ende beider Divisionen zu geben.

Mein Dank gilt diesen Autoren, welche konstruktiv zur Aufarbeitung der Geschehnisse beigetragen haben, denn die Mehrzahl der Angehörigen dieser Divisionen steht nach über 70 Jahren seit Kriegsende nicht mehr zu Verfügung.

Seit Anfang April kämpfte die deutsche Wehrmacht an allen Fronten im eigenen Land. Der Ring der Alliierten um das Deutsche Reich zog sich immer enger zusammen. Der Krieg trat in sein Endstadium. Im Nordosten stießen die britischen Truppen in Richtung Schleswig-Holstein vor, amerikanische Armeen kämpften im Ruhrgebiet und wollten bis zur Elbe, Saale, Mulde und Sachsen vorstoßen.

Im Osten hatten sowjetische Armeen Ostpreußen, Pommern und Schlesien überrannt. Einzelne deutsche Gruppierungen, wie in Breslau, Königsberg und im Kurland, hielten sich und banden beträchtliche Truppen der Roten Armee, die sich aber trotzdem und unaufhaltsam der Oder-Neiße-Linie näherte. Es war nur noch eine Frage der Zeit, wann der Widerstand der letzten kampffähigen Verbände an der West- und Ostfront zusammenbrechen würde. Das Scheitern des deutschen Gegenangriffs in den Ardennen, der Vormarsch der Sowjetarmeen und der amerikanische Vormarsch zum Rhein überzeugten alle, mit Ausnahme von Hitler und seiner engsten Umgebung, dass die Kapitulation unvermeidlich und kaum noch hinauszuzögern war. Das Dritte Reich sollte also mit Hitler untergehen.

Anders als 1918, als einsichtige Generäle Wege zu einem Waffenstillstand suchten, kam für Hitler eine Kapitulation nicht in Frage. Der „größte Feldherr aller Zeiten" ließ seine Männer lieber bis zum bitteren Ende weiterkämpfen, entschlossen, alles mit sich in den Untergrund zu reißen. Die Männer des 20. Juli 1944 waren eine verzweifelte Minderheit. Politische Parteien, außer der NSDAP, waren zu dieser Zeit von den Nationalsozialisten verboten.

Hitler gab Ende März 1945 den Befehl, im mitteldeutschen Raum mit dem letzten Aufgebot eine neue Armee aufzustellen, um den Ruhrkessel aufzusprengen, die Heeresgruppe B des Generalfeldmarschalls Model mit seinen 325.000 Verteidigern (21 Divisionen) zu befreien und eine geschlossene Westfront am Rhein herzustellen. Ziel der Amerikaner war es, nach der Einkesselung des Ruhrgebietes den Vorstoß in Richtung Erfurt-Leipzig-Dresden zu führen.

Die neue 12. Armee (improvisiert) sollte sich aus den Jahrgängen der 17–19 Jährigen rekrutieren. Hinzu kam das Personal der vielen Waffenschulen und RAD-Führerschulen (RAD = Reichsarbeitsdienst), ferner noch Personal aus Offiziers- und Unteroffiziers-Schulen.

Am 6. April wurde der 45-jährige General der Panzertruppen Walther Wenck Oberbefehlshaber der 12. Armee, auch Armee Wenck genannt. Als Generalstabschef fungierte der aus dem Ruhrkessel ausgeflogene Oberst i.G. Reichhelm. Die acht Divisionen trugen klangvolle Namen entweder nach ihrem Aufstellungsgebiet oder nach Persönlichkeiten der Geschichte, die Hitler selbst festlegte. Mit dem Missbrauch von Namen deutscher Patrioten wollte die Führung den Anschein eines „Freiheitskampfes" erwecken. Sie lauteten:

Panzerdivision „Clausewitz"
Panzergrenadier-Division „Schlageter z.b.V."
Infanterie-Division „Potsdam"
Infanterie-Division „Scharnhorst"
Infanterie-Division „Ulrich von Hutten"
Infanterie-Division „Ferdinand von Schill"
RAD-Infanterie-Division „Friedrich Ludwig Jahn"
RAD-Infanterie-Division „ Theodor Körner"

Die Gliederung der 12. Armee wurde durch Kampfhandlungen oft verändert. Zu Beginn der Aufstellungsphase bis Mitte April 1945 ergab sich folgende Struktur: Armeeoberkommando (AOK) bestehend aus 50–60 Offizieren, XX. Armeekorps unter General der Kavallerie Carl-Erik Koehler, XXXIX. Panzerkorps unter Generalleutnant Karl Ahrendt, XXXXI. Panzerkorps unter Generalleutnant Rudolf Holste, XXXXVIII. Panzerkorps unter Maximilian Reichsfreiherr von Edelsheim. Alle Panzerkorps haben niemals mehr über die strukturmäßige Stärke mit allen dazugehörenden Waffengattungen verfügt. Ihre Bezeichnung hatte nur noch tradio-

nelle Bedeutung und ging völlig an der Realität vorbei, besonders, was ihre Ausstattung mit Panzern betraf.[1]

Jedes Korps hatte mehrere Divisionen, die wiederum in Regimenter gegliedert
waren. Im Durchschnitt sollte die Gefechtsstärke jeder Division ca. 10.000 Mann
betragen, was aber insbesondere wegen des Zeitdruckes nicht erreicht werden
konnte. Es fehlte den Einheiten an schweren Waffen, Transportraum, Treibstoff
und Nachrichtenmitteln. Dabei wird deutlich, dass in diesem letzten Großverband
der Wehrmacht alles „zusammengekratzt" wurde, was in der Lage war, eine Waffe
halbwegs zu bedienen.[2]

Außer den Sturmgeschütz-Abteilungen und einigen Panzer aus den Panzertrup-
pen-Schulen hatte keine Division schwere Waffen. Auch die Ausstattung machte
große Schwierigkeiten. General Wenck bezog in der Pionierschule Dessau-Roßlau
sein Stabsquartier, weil diese noch über intakte Fernsprechleitungen und Pionier-
gerät verfügte.

Diese neue Armee, die zunächst nur auf dem Papier stand, erhielt den Auftrag,
gemeinsam mit der im Harz versammelten 11. Armee sowie durch einen Angriff
der Panzerdivision „Clausewitz" und der Infanterie-Division „Schlageter" aus dem
Raum Lüneburger Heide nach Westen in den Harz vorzustoßen. Doch der schnelle
Vormarsch der amerikanischen Armeen nach Mitteldeutschland hatte diese Ziel-
stellung bereits nach wenigen Tagen überholt.

Am 17. April streckte die Heeresgruppe B im Ruhrkessel die Waffen. Deutschlands Westfront existierte nicht mehr. Damit war die eigentliche Aufgabe der
12. Armee hinfällig geworden. Wenck konnte mit seiner Armee im April 1945 nur
noch den Raum Magdeburg sowie die Gebiete an Saale und Mulde gegen amerikanische Verbände verteidigen, bis sie den Befehl zu einem Angriff auf das eingeschlossene Berlin erhielten. Auch wenn seine unzureichend ausgebildeten und aus-
gerüsteten Truppen heftigen Widerstand leisteten, waren sie der alliierten Übermacht hoffnungslos unterlegen.

Die beiden Divisionen „Ulrich von Hutten" und „Theodor Körner" waren mit
das letzte Aufgebot des deutschen Heeres als Division der 35. Welle. Ein Gang auf
die Friedhöfe der letzten Kampfgebiete zu den Soldatengräbern vom Frühjahr
1945 zeigt, dass in den letzten Kriegstagen noch zahlreiche jugendliche Soldaten
einen sinnlosen Tod starben.

Calbe, im Frühjahr 2016

Heinz Ulrich

Infanterie-Division „Ulrich von Hutten"

Aufstellung und Stellenbesetzungsplan der Division

Die Infanterie-Division „Ulrich von Hutten" wurde ab 29. März 1945 im Raum Wittenberg im Wehrkreis IV in der Gliederung einer Infanterie-Division 45 aufgestellt. Die grundlegenden Aufstellungsbefehle ergingen am 29. März und 7. April 1945. Die Division erhielt am 8. April 1945 durch Führerbefehl den Namen „Ulrich von Hutten".

Zur Aufstellung des Divisionsstabes sowie der Nachrichten- und Versorgungstruppenteile der Division wurden folgende Truppenteile zugeführt: Divisionsstab und die Hälfte der 18. VGD (Volksgrenadierdivision) sowie Reste der 56. und 190. Infanterie-Division einschließlich des Versorgungsregimentes der 190. Infanterie-Division.[3]

Stellenbesetzungsplan

Kommandeure:

bis 14. April 1945	Generalleutnant Edmund Blaurock
ab 14. April 1945	Generalleutnant Gerhard Engel
bis 14.April 1945 I a	Major i.G. Karl Schütze
ab 14. April 1945	Oberstleutnant i.G. Friedrich Burmeister
I b	Major Robert Friedrich
I c	Oberleutnant d.R. Hermann
II a	Major Friedhelm Hille
NSFO	Leutnant Meißner

Grenadierregiment 1

Kommandeur:	Major Fritz Wesemann
Kommandeur I. Bataillon:	Hauptmann Meyer
1. Kompanie:	Leutnant Schreiter, Walter,
Kommandeur II. Bataillon:	Hauptmann Kassel

Grenadierregiment 2

Kommandeur:	Major Anton Siebert
Kommandeur I. Bataillon:	Hauptmann Willer
Kommandeur II. Bataillon:	Hauptmann d.R. Preuss

Grenadierregiment 3

Kommandeur:	Major Walter Robra
Kommandeur I. Bataillon:	Hauptmann d.R. Koehler
Kommandeur II. Bataillon:	Hauptmann d.R. Klare,
	später Hauptmann Karl Scharlach
Kompanieführer:	6. Kompanie, Leutnant Hermann
Füsilier-Bataillon:	Kommandeur: Hauptmann Jäger
Nachrichten-Abteilung:	Kommandeur: Major d.R. Otto Hoffmann
Pionier-Bataillon:	Kommandeur: Major d.R. Hauff[4]

Artillerie-Regiment

Kommandeur:	Major Walter Gärtner
I. Abteilung:	Hauptmann d.R. Gaul
II. Abteilung:	Hauptmann Schulze
III. Abteilung:	Hauptmann d.R. Straub

Panzerjagdverband

Kommandeur:	Hauptmann Wehner
Adjudant:	Leutnant Bein
Ordonanz-Offz:	Leutnant Salzbrunner
Kp.-Führer:	Oberleutnant Klages, ab 1.5.45 Leutnant Kniebel
1. Kommando:	Leutnant Hammerschmidt
2. Kommando:	Leutnant Breuninger
3. Kommando:	Leutnant Dehn
4. Kommando:	Leutnant Kister
5. Kommando:	Leutnant Schneider
6. Kommando:	Leutnant Roth[5]

Generalleutnant Edmund Blaurock erhielt am 3. April bis 14. April 1945 das Kommando über die Infanterie-Division „Ulrich von Hutten". Nach erneuter Versetzung zur Reserve am 14. April übernahm er ab 19. April 1945 das Kommando über die 5. Jäger-Division.

Für Eichenlaubträger Gerhard Engel erfolgte die Versetzung zum Kommandeur der Infanterie-Division am 12. April 1945 unter gleichzeitiger Beförderung zum Generalleutnant. Der Divisionsstab bestand aus den Resten der Stäbe verschiedener Infanterie-Divisionen. Dazu kamen Truppen aus aufgelösten Einheiten und der Nachwuchsführerschulen. Es war eine schnell zusammengewürfelte Fahnenjunkerdivision.

Generalleutnant Gerhard Engel

Der NSFO (Nationalsozialistischer Führungsoffizier) wurde ab Juli 1943 erstmals für die politisch-ideologische Ausrichtung der Offiziere und Unteroffiziere der Deutschen Wehrmacht sowie für die nationalsozialistische Führung in allen höheren Stäben bis zu den Divisionen eingesetzt.

Nach dem Aufstellungsbefehl war die Gliederung der Division gemäß einer „Infanterie-Division 45" angeordnet. Damit war auch die Ausstattung mit Waffen und Gerät festgelegt.

Zur Divisionsaufstellung waren vorgesehen:
– das Divisionskommando mit Kartenstelle und Feldgendarmerie-Trupp
– drei Grenadier-Regimenter mit je zwei Bataillonen zu je vier Kompanien
– ein Füsilierbataillon (auf Fahrrädern)
– eine Panzerjäger-Abteilung mit drei Kompanien
– ein Artillerie-Regiment mit drei leichten Abteilungen zu je drei Batterien
– eine schwere Abteilung mit je zwei Batterien
– ein Pionier-Bataillon mit zwei Kompanien
– ein Feldersatz-Bataillon mit vier Kompanien
– ein Versorgungs-Regiment mit Nachschubtruppen (eine Kraftwagen-Kompanie zwei Fahrschwadronen) Feldzeug-Kompanie, Kfz-Instandsetzungs-Zug,
– Verwaltungskompanie, Sanitätszug mit Kranken- und Kraftwagenzug,
– Veterinär-Kompanie und Feldpostamt.

Die Gesamtstärke einer solchen Division sollte im März 1945 11.370 Mann betragen. Es dürfte aber zum Teil bei allen Sollstärken große Abweichungen gegeben haben. Eine planvolle Versorgung war natürlich in der Kürze der Zeit nicht zu organisieren und aufzubauen.

Es ergaben sich jedoch, insbesondere wegen des Zeitdruckes, des Mangels an bestimmtem Gerät und der Transportschwierigkeiten, Abweichungen davon und die Notwendigkeit von Behelfslösungen. Um den dringenden Mangel insbesondere an motorisierten Fahrzeugen, Bespannfahrzeugen, Pferden und Geschirren abzuhelfen, erhielt die Division das Recht zur Beschlagnahme des Benötigten.

Die Aufstellung der Division war am 12. April 1945 im Wesentlichen abgeschlossen. Sie musste sich aber noch zusammenfügen. Kein Offizier kannte seine Mannschaft, kein Kompanieführer wusste vorher, zu welchem Regiment er gehörte. Kaum jemand kannte seinen Nebenmann. Die Zusammensetzung der Einheiten war willkürlich. Das Artillerie-Regiment wurde bei Wittenberg im Wehrkreis IV aufgestellt. Das Personal stellte der Wehrkreis IV. Der Regimentsstab wurde aus dem Stab des Heeres-Artillerie-Korps 411 gebildet. Zur Aufstellung der III. Abteilung wurden auch Teile der V. Abteilung des Heeres-Artillerie-Korps 411 herausgezogen, welche Anfang April 1945 bei Wittenberg eintrafen. Das Artillerie-Regiment wurde mit der Aufstellung der Division „Hutten" unterstellt. Noch während der Aufstellung wurde das Regiment mit der Division vorzeitig zum Einsatz gebracht.[6]

„Am 10. April erfolgte die Zuweisung von 10 Jagdpanzern 38 und einem Bergewagen für die Jagd-Panzer-Kompanie und einen Tag später die Zuführung von 28 Infanteriegeschützen 7,5 cm per Schiff aus Magdeburg."[7]

Etwa ab 17. April 1945 wurde die Panzer-Jagd-Abteilung 3 unter Führung von Hauptmann Wehner für die bewegliche Kampfführung der Division westlich der Mulde zugeführt und unterstellt.[8] Die Panzer-Jagd-Abteilung 3 war wie folgt gegliedert: eine Aufklärungsabteilung mit schweren Panzerspähwagen, zwei Panzerkompanien mit je 15 Panzern und eine Schützenkompanie auf Schützenpanzerwagen. Sie hat bis zur Kapitulation im Verband dieser Division gekämpft.[9]

Als Generalleutnant Engel nach Abschluss der Aufstellung am 14. April die Division übernahm, verfügte sie über eine Gesamtstärke von 5.000 Mann mit je 1.500 Mann je Grenadier-Regiment.[10]

Der Kampfeinsatz der Division

Bereits in der Nacht vom 14./15. April 1945 verlegte die Division zur Mulde und kam im Mulde-Abschnitt von Dessau bis Bitterfeld zum Einsatz. Der Widerstand sollte zu einer Versteifung der amerikanischen Operation führen. Die Hauptkampflinie verlief von südlich der gesprengten Autobahnbrücke der RAB 9 (Leipzig-Dessau) über die Mulde zwischen Kleutsch und Möst. Auch das Gebiet um Raguhn, Bobbau, Reuden, Thalheim, Wolfen, Sandersdorf bis Bitterfeld hatte die Wehrmacht noch fest in ihrer Hand. Östlich der Mulde gingen die Versorgungseinheiten und die Reserven nach Kleckewitz, Alt-Jeßnitz, Roßdorf und Muldenstein.[11]

Linker Nachbar war die Infanterie-Division „Scharnhorst". Der Verteidigungsabschnitt der „Scharnhorster" verlief von der RAB 9 bei Kleutsch bis zum Rande der Mosigkauer Heide bis unmittelbar westlich von Köthen, auf Aken zu und danach auf dem Ostufer der Elbe bei Zerbst bis in den Raum Gommern.

Die Aktivitäten des deutschen XXXXVIII. Panzer-Korps in Mitteldeutschland

Nachdem es den Amerikanern gelungen war, die 11. Armee im Harz in Richtung Halle abzuschneiden und im Harz einzuschließen, entstand eine Frontlücke, die sich zwischen westlich Bitterfeld, westlich Halle, Merseburg bis ins Vogtland erstreckte. Das OKW führte deshalb beschleunigt aus Schlesien das XXXXVIII. Panzer-Korps unter General der Panzertruppen Freiherr von Edelsheim an die Westfront in den Raum Torgau, um diese Lücke zu schließen. Es sollte unter Führung der 12. Armee zum Einsatz kommen. Der Auftrag lautete: Verteidigung unter Festhalten von Halle und Leipzig. Vorbereitung der Mulde- und Elbeabschnitte zur Verteidigung gegen Westen. Es kam darauf an, den Südflügel und die Südflanke der sich um Dessau versammelnden 12. Armee zu schützen.

General der Panzertruppe Maximilian Reichsfreiherr von Edelsheim (hier noch Oberst). (aus „Soldaten an der Elbe" von Uwe Niedersen)

Es wurden alle im Kampfraum befindlichen Truppen dem Korps unterstellt. Seine Stammeinheiten bestanden aus Kompanien der rückwärtigen Dienste. (Sanitäts-, Werkstatt-, Nachschub- und Feldgendarmerie-Einheiten) Dazu kamen alle Flakeinheiten mit etwa 1.000 Geschützen aus dem stationären Bereich um Leipzig, Leuna und Merseburg. Weiter zählten zum Korps die Soldaten des Kampfkommandanten von Halle, Generalleutnant Ratke, mit 4.000 Mann. Dem Korps standen keine Divisionen mit Kampferfahrung zur Verfügung. Schließlich gehörten noch weitere kleine Einheiten dazu, bestehend aus Genesenden, Urlaubern, Ausbildungspersonal und Rekruten des Ersatzheeres, der Luftwaffe und Volkssturmsoldaten, die aber nur zu 50 % bewaffnet werden konnten. Bei einer großen Zahl von Gewehren nichtdeutscher Fertigung fehlte die entsprechende Munition. Reichlich waren Panzerfäuste vorhanden, so dass zahlreiche Panzervernichtungstrupps zur Verfügung standen. Das Korps war deshalb ziemlich unbeweglich, kampfschwach und fast nur örtlich einsetzbar.[12]

Der Gefechtsstand des Korps befand sich in der Gegend von Torgau in Graditz (vier km südostwärts von Torgau). Die amerikanische Luftwaffe war sehr rege. Sie beobachtete und bekämpfte alle Bewegungen westlich der Elbe, auch von Einzelfahrzeugen. Die eigene Luftwaffe kam nicht zum Einsatz.

Für das Korps kam es darauf an, mit den verfügbaren Mitteln unter dem Schutze der vorgeschobenen Stellungen (Halle-Saaleabschnitt-Leipzig) die Verteidigung am Muldeabschnitt zu verbessern. Für die Mulde-Verteidigung wurde der Korps-Artillerie-Kommandeur, Oberst Koehler, eingeschaltet. Ihm unterstanden der Standort Delitzsch sowie die Truppenteile am Muldeabschnitt. Durch militärische und zivile Dienststellen beschlagnahmte Fahrzeuge dienten der Beweglichkeit der Truppe.

Die Kräfte der deutschen Verteidiger reichten jedoch nicht aus, die gesamte Muldelinie als Hauptkampflinie zu besetzen. Es blieb deshalb bei der stützpunktartigen Verteidigung an den Hauptübergängen. Die unbesetzten Frontstrecken wurden überwacht. Auf 70 km Frontbreite waren in vorderer Linie nur fünf Bataillone und zwei Batterien im Einsatz.

Am 18. April machten sich die Auswirkungen des russischen Durchbruchs auf Berlin bemerkbar. Es wurde deshalb von der 12. Armee dem Korps befohlen, eine neue Ostfront an der Schwarzen Elster aufzubauen. Durch den Kampfverlauf an der Ostfront war die Lage des Korps schwierig geworden. Es stand im Kampf an zwei Fronten, die noch 55 km voneinander entfernt waren. (Mulde – Schwarze Elster) und die bei Verlust der Schwarzen Elster auf 30 km zusammenrückte.

Das XX. Armeekorps

Das XX. Armeekorps kämpfte vor der Eingliederung in die 12. Armee an der Ostfront u.a. in der Heeresgruppe Weichsel. Anfang April 1945 kam es aus Swinemünde in den Großraum Magdeburg. Dort wurde es personell und materiell neu aufgestockt, und war ab 15. April einsatzbereit. Der Kommandeur war General der Kavallerie Carl-Erik Koehler. Zum Korps gehörten die Infanterie-Divisionen „Schill", „Körner", „Scharnhorst" und „Hutten". Am 1. und 2. Mai wurden dem Korps noch die Reste der Division „Jahn" zugeführt. Das XX. Armeekorps war die erfolgreichste und kampfstärkste Einheit in der 12. Armee.[13]

Die Verteidigung an der Muldefront

Die Division „Hutten" wurde am 14. April in Marsch gesetzt. Sie marschierte von ihrem Versammlungsort Wittenberg über Gräfenhainichen in den Raum Bitterfeld westlich der Mulde mit dem Auftrag, sich dort zu versammeln. Die Division sollte Sicherung und Aufklärung nach Nordwesten, Westen und Süden betreiben. Darüber sollte versucht werden, mit sich noch im Aufstellungsraum stehenden und kämpfenden deutschen Verbänden Verbindung aufzunehmen. Die Durchführung dieses Auftrages verfolgte gleichzeitig das Ziel, den von allen Seiten anstürmenden Feind möglichst lange westlich der Mulde aufzuhalten.

Generalleutnant Engel brachte seine Division in eine Stellung vor der Autobahn Dessau-Leipzig und befal den Stellungsbau. Bei Sandersdorf und Thurland kam es zu Gefechten mit amerikanischen Truppen, um den Vormarsch auf Bitterfeld aufzuhalten. Die US-Panzerspitzen trafen am 15. April auf die vorgeschobenen Stellungen der Division. Die hier stehende Pak, Flak und einige Sturmgeschütze schafften es, den Gegner zu stoppen. Die Amerikaner kamen trotz starker Artillerie- und Panzerunterstützung nicht durch. Dennoch wurde der deutsche Brückenkopf mehr und mehr eingedrückt und schließlich in zwei Teile gespalten: in einen Brückenkopf bei Jeßnitz und den zweiten bei Bitterfeld. Diese beiden Brückenköpfe sollten auf Befehl der Armee weiter gehalten werden.[14]

Horst Kaczmarek schreibt dazu: „Am 15. April hatten amerikanische Truppen Thurland erobert. In der Nacht vom 16. zum 17. April zwischen 1.30 Uhr und 2.00 Uhr konnte es von einer Kompanie des I. Regiments der Division 'Hutten 1' in Stärke von 150 Mann in einem Gegenangriff wieder eingenommen werden. Um 2.00 Uhr ist Thurland in deutscher Hand. Zur Beseitigung des deutschen Einbruchs entsendet das amerikanische Bataillon Infanterie und Panzer nach Thurland. Der Kampf dauerte den ganzen Tag und endete erst in den Abendstunden. Nach heftigen Kämpfen gelingt es den Amerikanern mit Artillerieunterstützung bis 21.00 Uhr Thurland wieder unter Kontrolle zu bringen. Die letzten deutschen Soldaten, die den Rückzug ihrer Kameraden decken mussten, hatten sich auf den Friedhof von Thurland zurückgezogen, der danach von den US-Truppen auch mit Panzern umstellt wurde. Nur wenigen Eingeschlossenen gelang in der Nacht die Flucht. 112 amerikanische Soldaten, die in der Nacht zuvor in deutsche Gefangenschaft geraten waren, konnten an diesem Tage wieder befreit und ein M 4 Panzer und mehrere bewaffnete Fahrzeuge zurückerobert werden. Während des Kampfes um Thurland wurde das Dorf zu 70 % zerstört. 62 amerikanische Soldaten haben dabei ihr Leben gelassen. 48 deutsche Soldaten, die hier den Tod fanden, ruhen in einem Gemeinschaftsgrab auf dem Thurländer Friedhof. Die meisten von ihnen waren 17/18 Jahre alt, als sie starben."[15]

*Grabanlage für 48 deutsche Soldaten und neun Zivilpersonen auf dem Friedhof in Thur-
land. Foto: Horst Kaczmarek*

Es waren die ersten Toten der Division, viele sollten noch folgen. Weniger
Erfolg hatten die deutschen Truppen in Raguhn und Siebenhausen. Um 4.00 Uhr
drangen Angehörige der 14. Kompanie des II. Regiments von „Hutten 2" in
Raguhn ein. Etwa 50 deutsche Infanteristen überraschten die Wachen. Mit Unter-
stützung von schweren MG und Granatwerfern konnten die Amerikaner den
Angriff abwehren.[16]

Im Raum Bobbau-Steinfurth griffen fünf deutsche Jagdpanzer „Hetzer" und
vier Geschütze des 4. II. Artillerie-Regiments „Hutten" von Südosten Jeßnitz und
Bobbau an. Sie zerstören einen amerikanischen Panzerjäger. Ein Amerikaner wurde getötet und zwei Mann verwundet. Nach der Abwehr eines Angriffs nach Stein-
furth am Vormittag gerieten die Amerikaner in einen erneuten Gegenangriff des
II. Regiments von „Hutten 1" bei Bobben-Steinfurth. Die Angreifer verloren einen
„Hetzer". Als der Beschuss der Deutschen nicht nachließ, zogen sich die Amerikaner nach Salzfurthkapelle-Raguhn östlich der RAB 9 zurück. Die Deutschen
drückten mit vier Jagdpanzern nach und zerstörten ein Aufklärungsfahrzeug. Erst
mit Anforderung von amerikanischen Jagdbombern und Artillerie gelang es am
Nachmittag, den Gegenangriff abzuwehren. Bei den Gefechten gab es Tote und
Verwundete auf beiden Seiten. Die bei den Kämpfen um Raguhn gefallenen deutschen Soldaten wurden gemeinsam mit den am 15. April Gefallenen auf dem

Friedhof Raguhn beigesetzt, wo ein Gedenkstein an 28 Gefallene erinnert. Die amerikanischen Toten wurden abtransportiert.[17]

Über seinen Kampfeinsatz an der Muldefront berichtet Harry Augustin vom 1. Grenadierregiment: „Nach einer Verwundung 1944 im Osten (Rzeszow) und einem längeren Lazarettaufenthalt, komme ich nach Dresden zum Ersatztruppenteil. Am 5. April 1945 werden wir komplett neu eingekleidet, ausgerüstet und anschließend mit einem

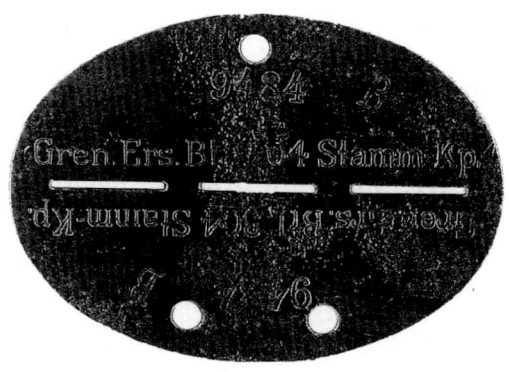

Erkennungsmarke von Harry Augustin
1. Regiment „Ulrich von Hutten"

Güterzug, der mit Stroh ausgelegt ist, in Richtung Lutherstadt Wittenberg verlegt. Am Abend kommen wir an und marschieren in eine Kaserne. Schon am nächsten Tag marschieren wir bei großer Hitze zum Bataillonsstandort nach Jessen und werden in Gerbisbach eingewiesen. Hier wird die Neuaufstellung und unsere Eingliederung in das 1. Regiment, 1. Bataillon 3. Kompanie Ulrich von Hutten vorgenommen. Ich werde den leichten Infanteriegeschützen zugeteilt, aber ich habe kein Geschütz, nur die leichte Infanteriebewaffnung. Nach einigen Tagen der Ruhe geht es plötzlich los. Bei Pretzsch müssen wir über die Elbe und bekommen auch nagelneue 7,5 cm Geschütze mit Spreizlafette und eingebauter Sprengladung aus Bad Schmiedeberg. Am 14. April soll um 23.45 Uhr Abmarsch an die Front sein. Alle sind nervös und aufgeregt. Im Dunkeln geht es los. Unsere Geschütze werden von requirierten Pferden gezogen, die schon am nächsten Tag in der Nähe von Gräfenhainichen einigen Tieffliegern zum Opfer fallen. Nun müssen wir die Geschütze selber bis in unseren Frontabschnitt ziehen. Der befindet sich seitlich von Raguhn nach Kleckewitz hin auf einer Anhöhe. Der Amerikaner schießt Störfeuer auf das Dorf. Nachts bekommen wir plötzlich Befehl, als Infanterieunterstützung zur Panzerbekämpfung mit Hohlraumgranaten mit nach vorn zu gehen. Ein Gegenstoß ist angesetzt. Wir schieben die Geschütze im Mannschaftszug bis nach Raguhn hinein. Die Stadt liegt unter Beschuss. In der Nähe der brennenden Kirche erfolgen Granatwerfereinschläge. Wir haben fünf Verwundete. Die Verbindung zur 2. Schützenkompanie reißt ab. Der Verbleib ist unklar. Wir ziehen uns zurück. Unser Weg führt uns über die Mulde in Richtung Bitterfeld bis Jeßnitz. Früh um 4.00 Uhr gehen wir dort auf einem Damm in Stellung. Der Feind fährt mit Panzern herum und schießt mit schweren MG um sich. Unsere Infanterie bekommt Jagdpanzer zur Unterstützung, und ein Angriff wird bis Bobbau vorgetragen. Mittag ist Stellungswechsel.

Grab des Leutnants Freimut Freiherr Schenk zu Schweinsberg, der neben drei Soldaten auf dem Friedhof Heideloh liegt. Foto: Horst Kaczmarek

Dort wird ein amerikanischer Panzer erobert und auf deutscher Seite eingesetzt. Am Nachmittag hat der Amerikaner unsere Stellung ausfindig gemacht. Nach einem Jaboangriff erfolgt Beschuss mit 18-cm-Granaten. Ich suche Deckung in einem Keller. Als es wieder ruhiger ist, sammeln wir und machen Stellungswechsel in das Vorgelände von Bobbau. Keines der Geschütze ist ausgefallen. Hier schießen wir auf den Wasserturm und auf Dachluken in den Wohngebäuden. Der Ami zieht sich zurück und versucht, uns zu umgehen. Scheinbar hat er es auf die Muldebrücken abgesehen. Dort gerät eine größere Anzahl von Kameraden in Gefangenschaft. Uns gelingt es aber zu entkommen.

Am 18. April 1945 ist die Front an der Mulde plötzlich ruhig. Das Gerücht geht um: 'Nun geht es mit dem Amerikaner gegen die Russen.' Tatsächlich werden wir in Richtung 'Ostfront' in Marsch gesetzt. Noch während der Kämpfe um Bobbau konnten wir einen Trecker für die Geschütze 'organisieren'. Nun sind wir auch motorisiert. Noch eine Nacht verbringen wir im Großkraftwerk Zschornewitz. Dort ist um 23.00 Uhr Abmarsch über Gräfenhainichen in Richtung Brück. Im Dunkeln marschieren wir zusammen mit vielen anderen Einheiten auf der Autobahn in ein neues Einsatzgebiet."

Auf dem Friedhof in Schierau werden 24 deutsche Soldaten beerdigt. Viele Verwundete der Kämpfe kommen auf den Hauptverbandsplatz des Regiments „Hutten 1" in der Ziegelei Raguhn.

Die Amerikaner gehen nach Sandersdorf vor und treffen auf starken Widerstand. Nach sechs Stunden Kampf wird Sandersdorf gegen 13.00 Uhr besetzt. Weitere amerikanische Kompanien gehen gegen leichten Widerstand gegen Zscherndorf und Heideloh vor. Sie treffen nördlich Heideloh auf Infanteristen des I. Regiments von „Hutten 3" in Stärke von 60–100 Mann, die sich hier ohne schwere Waffen eingegraben haben und hartnäckig Gegenwehr leisten. Im Zscherndorf werden 16 deutsche Gefallene beigesetzt. In Heideloh ruhen auf dem Friedhof vier deutsche Soldaten, unter ihnen der Leutnant Freimut Freiherr Schenk zu Schweins-berg.[18]

Zwischen 17.45 und 18.30 Uhr erfolgen drei deutsche Gegenangriffe des I. Re-giments „Hutten 3" gegen Sandersdorf, die alle abgewehrt werden. Besonders schwer wird um das Vorwerk Wachtendorf gekämpft, wo 15 deutsche Soldaten fal-len. In den Gemeinschaftsgräbern in Sandersdorf ruhen 34 deutsche Soldaten. In der Nacht zieht sich das I. Regiment „Hutten 3" aus Heideloh zurück.

Dietrich Frömsdorf vom 3. Grenadierregiment berichtet über die Kämpfe in diesem Gebiet: „Wir werden in den Raum Wittenberg verlegt, wo wir in einem kleinen Dorf unterkommen. Dort erfahren wir, dass die Infanterie-Division Ulrich von Hutten aus verschiedenen Verbänden aufgestellt wird. Nach Eintrag in mein Soldbuch gehöre ich nun als ROB zum Grenadierregiment 3/2. Bataillon, 6. Kom-panie. Unser neuer Regimentskommandeur ist der 28-jährige Major Robra, unser Bataillonskommandeur Hauptmann Klare, der später von Hauptmann Karl Schar-lach abgelöst wird, unser Kompanieführer ist Leutnant Hermann.

Nach der Aufstellung ist Abmarsch in Richtung Mühlbeck-Bitterfeld, wo unser Tross zurückbleibt.

Die Kompanien marschieren weiter nach Greppin und finden Unterkunft in einer großen Scheune eines Bauerngutes. Der erste Einsatzbefehl wird bekanntge-geben. Unter der Führung von Unteroffizier Gaugenrieder sollen Reimann, ein anderer und ich, den Standort der Amerikaner erkunden. Aber bevor der Spähtrupp losgehen kann, bekommen wir Sturmgewehre und je zwei gefüllte Magazintaschen überreicht. Das verbessert im Fall der Fälle unsere Feuerkraft erheblich.

Im Dunkeln geht es mit Fahrrädern los, aber im Gelände ist mit den Fahrrädern kein Vorwärtskommen mehr, und wir marschieren weiter. Mann hinter Mann gehen wir gedeckt in der Dunkelheit im Straßengraben auf Sandersdorf vor. In einem Keller hören wir Stimmen. Es sind polnische Zwangsarbeiter, die uns trotz Drohungen den Weg nicht zeigen wollen. Wir müssen alleine weiter, und seitlich von uns geht ein Artillerieüberfall der Amerikaner nieder. Wir befürchten, abge-schnitten zu werden und kehren im großen Bogen zu den eigenen Linien zurück. Wir machen Meldung beim Kompanieführer. Dieter Reimann und ich werden als Verbindung zum Bataillon befohlen. Am Abend erhalten wir den Befehl, Nachrich-ten, Munition und Verpflegung nach vorn zur 6. und 8. Kompanie im Raum San-dersdorf-Bitterfeld zu bringen. Wir erhalten Pferd und Wagen, auf dem alles in Zeltbahnen verschnürt ist. Doch bald müssen wir alles tragen, da das Gelände ungünstiger wird. Plötzlich hören wir Motoren und Kettengeräusche. Im Straßen-graben macht jeder eine Panzerfaust scharf, und wir warten ab. Da schimmert uns im Dunkeln das weiße Balkenkreuz entgegen, und wir atmen erleichtert auf. Die Panzerleute bemerken uns nicht. Wir schleppen die Zeltbahnen samt Inhalt weiter durchs Gelände. Vor dem Chlorwerk in Richtung Sandersdorf treffen wir auf unseren Essenholer von der 6. Kompanie, der uns von Kämpfen und Verlusten der 6. Kompanie berichtet. Wir rechnen schon nicht mehr damit, zur 8. Kompanie zu gelangen, da springt plötzlich der Essenträger der 8. Kompanie in unseren Trichter. Er berichtet aufgeregt, die 8. Kompanie sei durch Verrat in einen Hinterhalt geraten. Von den 150 Kameraden wären zwei Drittel im Häuserkampf niedergemetzelt worden. Eine zusammenhängende Verteidigungslinie gäbe es nicht mehr.

Wir verteilen die Verpflegung und verschwinden so schnell es möglich ist. Unsere Kameraden finden wir in Schützenlöchern vor dem Chlorwerk in Richtung Sandersdorf wieder. Hauptmann Scharlach liegt in einem Schützenloch nicht weit vor mir neben dem Funker. Über der Gegend liegt beißender Gestank. Es ist nicht schwer, die Kameraden ausfindig zu machen, man braucht nur den Hustenanfällen zu lauschen. Der Hauptmann gibt dem Funker Anweisungen anzufragen, ob er die Front zurücknehmen dürfe, da offenbar die Leitungen im Werk getroffen wurden, was den Austritt des Chlorgases verursacht hat. Die Bitte wird abgewiesen, und wir suchen uns mit Tüchern, die wir in den Trichtern nass machen, Mund und Nase zu schützen, doch vergebens, denn Gasmasken hatten nicht mehr alle von uns.

Wir gehen zurück hinter die Werksbahn und graben uns am Bahndamm ein. Die Gegend ist trostlos und bietet wenig Deckungsmöglichkeit. Im Keller des Chlorwerkes werden die Wertsachen der gefallenen Kameraden der 8. und 6. Kompanie gesammelt und gebündelt. In Sandersdorf ruhen 34 Soldaten in einem Massengrab. Die ständigen Feuerüberfälle der Amerikaner machen uns zu schaffen. Ein Stoßtruppunternehmen soll Abhilfe bringen. Von der Stellung an der Werksbahn gehen wir im Schutz der Dunkelheit wieder in Richtung Sandersdorf vor. An einer Wegkreuzung geraten wir in einen Feuerüberfall und suchen zusammen mit der Regimentsreserve Deckung im Straßengraben. Dort begegnet mir mein Freund Dieter Sperber. Zusammen bekommen wir heraus, dass sich der Amerikaner auf eine Ampelanlage eingeschossen hat, die ab und an aufleuchtet. Einige kurze Feuerstöße aus unseren Sturmgewehren und die Anlage erlöscht, der Artilleriebeschuss lässt daraufhin nach.

In unserer Abwesenheit hatten amerikanische Ligthningbomber das Filmwerk Wolfen bombardiert. Riesige schwarze Rauchwolken legen sich über das ganze Kampfgebiet. Es ist in den Stellungen kaum auszuhalten, beißender schwarzer Rauch überall. In Wolfen muss die Hölle los sein. Der Beschuss auf die Chlorfabrik hört auf. Offenbar ist den Amerikanern klar geworden, welche Gefahr von dem ausströmenden Gas ausgeht.

Ein letzter Auftrag besteht darin, einen Gefangenen zum Regimentsstab nach Muldenstein zu bringen. Auf dem Weg von Bitterfeld nach Muldenstein werden wir von einem Artilleriebeobachter entdeckt, und der Beschuss setzt prompt ein, wir kommen aber heil durch. Nachdem wir die Mulde auf einem Notsteg überquert haben, liefere ich den Gefangenen ab und bleibe beim Regimentsstab in Muldenstein. Zwischenzeitlich ist unser Bataillon von den Amerikanern eingekesselt worden. Eine Flucht über die Mulde ist bei der starken Strömung nicht möglich. Die Amerikaner sperren die Brücken mit Shermanpanzern ab. Drei Mann werden ausgeschickt, jeder bewaffnet mit einer Panzerfaust. Meinem Freund

RETTUNG!

1. **DU KANNST DICH ERGEBEN,** indem Du die Hände hochhebst, Dich den Alliierten näherst und ihnen „Ei sörrender!" (Ich ergebe mich) zurufst. Mache es ganz klar, dass Du aufgibst: Helm herunter, Koppel ebenfalls. Schwenke ein Taschentuch oder Flugblatt.

2. **KANNST DU DAS NICHT, DANN** warte bis der Angriff Dich erreicht hat. Oder bleibe zurück wenn die anderen zurückgenommen werden. Vorsicht: Mache es klar, dass Du aus dem Kampf scheidest. Fanatiker, die trotz der hoffnungslosen Lage weiterkämpfen, sind verloren.

3. **KANNST DU AUCH DAS NICHT, DANN** setze alles daran, die Kampfzone zu verlassen. Wir wollen Dein Leben schonen. Wer aber weiterkämpft, kann nicht geschont werden. Bist Du bei Zivilisten, dann melde Dich sofort nach Eintreffen der Alliierten den Behörden.

ZG 125

Über dem Kampfgebiet abgeworfenes amerikanisches Flugblatt für deutsche Soldaten. Bild von H. Augustin

Dieter Reimann, gelingt es als Einzigem, einen Panzer zu knacken. Der Ami zieht sich zurück, und der Truppe gelingt es, dem Kessel zu entkommen. So treffe ich wieder auf meine Kompanie. Von nun an ist Dieter Reimann der 'Panzerknacker', dekoriert mit dem EK2 und dem Panzervernichtungsabzeichen auf dem Ärmel. Er wird Bursche bei Hauptmann Scharlach und darf später auch als Begleitschutz auf dem Kettenrad von Major Robra mitfahren.

Plötzlich wird es ruhig an der Westfront. Der Amerikaner hat den Beschuss eingestellt, und auch unsere Waffen schweigen. Nach einigen Tagen kommt der Befehl 'Abmarsch nach Wittenberg!' Nun geht es an die Ostfront."[19]

Am Morgen des 16. April erfuhr das AOK 12, dass die Rote Armee von der Oder her zu ihrem Hauptangriff nach Westen zum letzten Sturmlauf nach Berlin antrat. Vor Sonnenaufgang eröffneten 40.000 Geschütze und Granatwerfer das Feuer auf die deutschen Stellungen an der Oder. Nach Berlin sind es nur noch 80 Kilometer. Die Russen wollten vor den Amerikanern und Engländern in Berlin sein und die Reichshauptstadt als Trophäe erringen. Bereits am 18. April machten sich die Auswirkungen des russischen Durchbruchs auf Berlin im Bereich der 12. Armee bemerkbar. Am 20. April wurde von vorgeschobenen Spähtrupps ein russisches Kavalleriekorps zwischen Elbe und der Schwarzen Elster festgestellt, und sowjetische Truppen erreichen von Nordosten kommend die Schwarze Elster auf der Linie Herzberg-Elsterwerda. Der russische Vormarsch zur Schwarzen Elster konnte nicht verhindert werden. Es wurde deshalb befohlen, eine neue Ostfront in der Linie der „Schwarzen Elster" aufzubauen. Die zurückweichenden

Truppen der Heeresgruppe Mitte wurden in die Abwehrlinien eingegliedert. Nach leichtem Widerstand erreichten die Amerikaner Thalheim. Die zweite Kompanie vom Regiment „Hutten 3", deren Munition aufgebraucht war, ergab sich fast ohne Widerstand. Drei deutsche Soldaten fielen bei den Kämpfen. Die Amerikaner verloren bei dem Angriff auf Rödgen und Thalheim ein Fahrzeug durch direkten Artilleriebeschuss, und drei Mann wurden verwundet. Gegen 18.00 Uhr erfolgte die Einnahme von Reuden, wo 70 Mann der 2. und 4. Kompanie vom Regiment „Hutten 3" in Gefangenschaft gingen. Ein erneuter deutscher Gegenangriff mit drei Jagdpanzern „Hetzer" und etwa 50 Mann aus südöstlicher Richtung auf Reuden blieb ohne Erfolg.[20]

Die Amerikaner bewegten sich am 19. April morgens 4.00 Uhr von Thalheim über Reuden auf Wolfen zu. An diesem Tag begann die entscheidende Phase im Kampf um die Chemieregion Bitterfeld-Wolfen. Der Widerstand der Verteidiger von Wolfen, Grenadiere der Division „Hutten", wurde durch Artillerie unterstützt. Gegen 11.00 Uhr standen die amerikanischen Angriffsspitzen auf der von Norden nach Süden führenden B 184, ohne einen entscheidenden Erfolg erzielt zu haben. Am Ende des Tages war zwar der größte Teil der Stadt eingenommen, aber erst am folgenden Tag, dem 20. April, war der Kampf um Wolfen beendet.

Auch der Kampf um Greppin, das vom 2. Bataillon (Hauptmann Preuss) des Regiments Robra verteidigt wurde, zog sich bis in den Abendstunden hin, ohne dass die Stadt eingenommen war. Durch den Einsatz ihrer 7,5-cm-Infanteriegeschütze hatten die Verteidiger des Ortes (II. Regiments „Hutten 3") offenbar erreicht, dass die amerikanischen Soldaten besonders vorsichtig vorgingen. In der Nacht zum 20. April setzten sich große Teile der deutschen Einheiten aus Wolfen und Greppin ab. Die 6., 7. und 8. Kompanie des Regiments Robra zog sich auf Bitterfeld zurück. Am Nachmittag des 20. April hatten die Amerikaner die Orte Wolfen und Greppin eingenommen.[21]

Der Kampf um Wolfen forderte das Leben von 23 Zivilpersonen und 26 Wehrmachts- und Volkssturmangehörige[22]

Bitterfeld wurde nun vom 3. Regiment Robra verteidigt. Die Stadt wurde nach zweitägigem Kampf am 21. April 1945 von den Amerikanern eingenommen. Im Vorfeld von Bitterfeld war es bereits zu heftigen Kämpfen gekommen. Die amerikanischen Einheiten waren den ganzen Tag über im Einsatz zur Räumung von Bitterfeld und Umgebung. Um 15.30 Uhr ergaben sich die letzten Verteidiger, und die Amerikaner konnten bei der Säuberung der Stadt 148 Gefangene machen. Bitterfeld wurde vollständig besetzt.[23]

Für die Einnahme der Stadt Halle wurden die 104. US-Division und die 3. US-Panzer-Division eingesetzt. Um 7.00 Uhr am 16. April begann der Vorstoß nach Halle. In den Vororten ab Trotha und Giebichenstein verstärkte sich der deutsche

Widerstand. Alle amerikanischen Truppen gerieten unter starkes Feuer. Die Strategie der heranrückenden amerikanischen Truppen, eigene Verluste unter Anwendung rücksichtsloser Gewalt zu vermeiden, prallte hart auf den Führerbefehl, die Stellungen bis zum Ende zu halten. Verständlich waren Versuche couragierte Kräfte der Stadt, das Schicksal der drohenden Vernichtung abzuwenden. Der Zeitpunkt des Beginns eines Bombardements sowie des Artillerieeinsatzes stand ganz kurz bevor. Zu den Rettern der Stadt Halle zählte der „Seeteufel" aus dem Ersten Weltkrieg, der einstige Korvettenkapitän Felix Graf von Luckner. Er schlug am späten Nachmittag des 16. April 1945 Verhandlungen vor, wenngleich die Amerikaner zunächst allein eine bedingungslose Kapitulation im Sinn hatten. Dennoch gelang es Graf Luckner, die Befehlshaber im Stab der deutschen Verteidiger zu überzeugen, sich in Halle mit einem Teilrückzug der Wehrmacht zufriedenzugeben, denn eine vollständige Übergabe war nicht möglich.

Bitterfeld. Grabstätte für gefallene deutsche Soldaten im April 1945.

Die Amerikaner „Timberwölfe" gaben nach und akzeptierten dieses „Gentlemen's Agreement". Durch diese Verhandlungen ermöglichte Luckner den Rückzug des Hauptteils der deutschen Kräfte in den südlichen Teil der Stadt. Die Bemühungen hinsichtlich der Rettung der Stadt vor ihrer völligen Zerstörung waren von Erfolg gekrönt. Das Bombardement fand nicht statt. Die deutschen Kräfte zogen sich teilweise zurück.

Am 19. April ergaben sich die Restverbände der Hauptbesatzung von Halle bis auf geringe Ausnahmen. Etwa 2.600 gingen in Gefangenschaft und 1.400 verließen mit ihrem Kommandeur General Ratke die Stadt in südöstlicher Richtung. Leipzig wurde durch Oberst von Poncet verteidigt. Erbittert wurde am Rathaus und am Völkerschlachtdenkmal gekämpft. Der Widerstand von Leipzig erlosch am 20. April 1945.

Die Truppenverlegungen der 12. Armee

Die 12. Armee sollte das XXXXVIII. Panzer-Korps übernehmen. Es sollte hierzu bei Wittenberg und Coswig die Schwarze Elster überschreiten und Verteidigungsstellungen nach Norden beziehen. Zur Vorbereitung dieser Verschiebung wurde die Verteidigung des Korps von der Schwarzen Elster auf die Elbe-Linie zurückgenommen und die Marschbereitschaft der Truppen hergestellt.

Leipzig musste am 19. April, der Mulde-Brückenkopf um Eilenburg am 20. April aufgegeben werden. Am 20. April gegen 20.00 Uhr begann der Abmarsch bei Grimma und Riesa. Das Korps überquerte die Elbe bei Wittenberg und Coswig nach Norden, um dahinter erneut die Südflanke der 12. Armee zu schützen. Das Korps musste sich dabei an seiner Westfront vom Feind lösen, die Überquerung der Elbe vollziehen und einen Fußmarsch von etwa 130 bis 150 km durchführen, um die neue Kampflinie am 24. und 25. April zu erreichen. Der letzte kleine Brückenkopf bei Coswig wurde am 26. April aufgegeben.

Der Stab von Generalleutnant Ratke wurde in der Nacht vom 20. zum 21. April von Mockrehna nach Möllendorf nordwestlich von Wittenberg verlegt, um dort die Kampfführung zu übernehmen. Der Korpsstab verlegte auf die Westseite der Elbe in den Raum Schmiedeberg. Für die Mulde-Verteidigung blieb der Stab von Oberst Koehler in Schmilkau verantwortlich.

Die Infanterie-Division „Hutten", die bereits eines ihrer Regimenter mit der Artillerie-Abteilung, den Panzerjägern und den Sturmgeschützen frühzeitig als Divisions-Reserve für den Einsatz in Richtung Osten im Raum Zschornewitz bereitgestellt hatte, löste sich in der Nacht von der Muldelinie und marschierte über Gräfenhainichen nach Wittenberg. Dort bildete sie einen Brückenkopf nach Nordosten und Norden, der die Elbelinie zwischen Wittenberg und Coswig sichern sollte. Der Divisionsstab verlegte nach Wittenberg, wo er im Keller des Augusteums Quartier bezog.

Die Amerikaner blieben jedoch am 20. April an der Mulde stehen, wodurch die in diesem Abschnitt eingesetzten deutschen Einheiten eine Atempause erhielten. Die amerikanischen Verbände begannen nach dem Erreichen ihrer Räume mit einer intensiven Patrouillentätigkeit und errichteten Kontrollpunkte. Am Morgen des 23. April hörte auch die gesamte Luftkampftätigkeit über dem Kampfraum der 12. Armee auf. Am 24. April kontrollierten die Amerikaner das gesamte Gebiet des späteren Sachsen-Anhalt westlich von Elbe und Mulde. Gemäß der Order ihrer

Militärführung war damit der Vorstoß beendet. Nun hieß es, am Flussufer auf die Rote Armee zu warten.

Auf ihrem Weg nach Gräfenhainichen besetzten die Infanteristen Zschornewitz und sicherten das Großkraftwerk Golpa-Zschornewitz der Elektrowerke AG, das Berlin mit Strom versorgte. Das Kraftwerk war nach amerikanischem Artilleriebeschuss am 20. April abgeschaltet worden.

In seinem sogenannten Nero-Befehl, „Verbrannte-Erde-Erlass" vom 19. März 1945, hatte Hitler die Zerstörung aller Verkehrs-, Nachrichten-, Industrie- und Versorgungsanlagen, die sich der Feind nutzbar machen konnte, befohlen. Albert Speer, Reichsminister für Rüstung und Kriegsproduktion, wagte immerhin schriftlichen Widerspruch. Hitlers Antwort an Speer ist entlarvend. Im Untergang galt sein Hass dem eigenen Volk, das ihm nicht heldisch genug war. Hitler: „Wenn der Krieg verloren geht, wird auch das Volk verloren sein. Es ist nicht notwendig, auf die Grundlagen, die das deutsche Volk zu seinem primitivsten Weiterleben braucht, Rücksicht zu nehmen. Im Gegenteil, es ist besser, selbst diese Dinge zu zerstören. Denn das deutsche Volk hat sich als das schwächere erwiesen, und dem stärkeren Ostvolk gehört ausschließlich die Zukunft. Was nach diesem Kampf übrig bleibt, sind ohnehin nur die Minderwertigen, denn die Guten sind gefallen."[24]

Danach sollte auch das Großkraftwerk Golpa-Zschornewitz zerstört werden, was jedoch durch verantwortungsbewusste Kräfte der Division „Hutten" verhindert werden konnte.

Auf deutscher Seite zog sich das XX. Armeekorps mit den Infanterie-Divisionen „Hutten" und „Scharnhorst" unter Zurücklassung schwacher Kräfte an der Mulde zwischen Dessau und Düben auf Befehl aus der Front zurück und übergab den Abschnitt an das XXXXVIII. Panzerkorps.[25]

Von der Infanterie-Division „Hutten" gingen Teile in und um Wittenberg in Stellung. Östlich von Dessau blieben nur noch schwache Sicherungen der Infanterie-Division „Hutten" am Ostufer der Mulde zurück. Das in der Verlegung befindliche XXXXVIII. Panzerkorps sollte die Elbe zwischen Wittenberg und Dessau übernehmen. Der Korpsgefechtsstand des XXXXVIII. Panzerkorps ging nach Buko, nordwestlich von Coswig, um von dort die Gefechtsführung in neuen Abschnitt zu übernehmen. Am 25. April überquerte das XXXXVIII. Panzerkorps im Tagesverlauf mit den kampffähigen Teilen die Elbe bei Coswig und Griebo mit Fähren und bezog Verteidigungsstellung nach Osten. So konnten auch die letzten Kräfte des XX. Armeekorps herausgezogen und nach Nordosten zum Einsatz gebracht werden. In der Zwischenzeit erreichte der sowjetische Vorstoß aus dem Raum Bautzen-Nieski die Elbe zwischen Wittenberg, Torgau und Riesa.

In Berlin stand die Rote Armee am 22. April vor den Toren der Stadt. Es begann die letzte große Schlacht des Zweiten Weltkrieges in Europa, der Kampf um die

Reichshauptstadt. In der Lagebesprechung im Führerbunker versuchte man, alle verfügbaren Truppen zur Verteidigung der Stadt zu sammeln. Hitlers letzte Hoffnung war die 12. Armee unter General Walther Wenck. Kern dieses Planes war, die Front an der Elbe aufzugeben, denn die Westalliierten waren dort stehengeblieben, und es sah auch nicht danach aus, als würden sie weiter vordringen. In diesem Sinne sollte die an der Elbe stehende 12. Armee herausgelöst werden, auf der Stelle drehen und auf Berlin marschieren.

Feldmarschall Wilhelm Keitel begab sich persönlich zu Wencks Befehlsstand bei Belzig, zur Försterei „Alte Hölle", wo das AOK 12 untergezogen war und händigte ihm dann Hitlers Befehl für die 12. Armee aus. „Befreien Sie Berlin" sagte er zu Wenck. „Machen Sie mit allen verfügbaren Kräften kehrt, hauen Sie den Führer heraus. Sein Schicksal ist Deutschlands Schicksal. Sie haben es in der Hand, Deutschland zu retten!", sagte Keitel beschwörend und Wenck erwiderte „Die Armee wird angreifen, Herr Feldmarschall".

Keitel befahl, dass die 12. Armee über die Linie Wittenberg-Niemegk auf Belzig-Treuenbrietzen vorgehen und von dort aus in Richtung Jüterbog angreifen sollte. Dort würde sie sich mit der 9. Armee vereinigen, um nach der Vereinigung im weiteren Vorstoß nach Norden der Schlacht um Berlin eine entscheidende Wende zu geben und den Führer zu befreien. Keitel wartete, bis Wenck seine Befehle schriftlich formuliert hatte, um eine Durchschrift für Hitler mitzunehmen.

General Wenck hielt wohl anfangs einen Erfolg bei Berlin für möglich, war aber viel zu erfahren, um nicht nach wenigen Tagen einzusehen, dass seine Aufgabe nunmehr darin liegen konnte, den eingekesselten restlichen Einheiten der 9. Armee einen Weg nach Westen zu öffnen. Ein Angriff, der nach jeder vernünftigen Beurteilung der Lage keinerlei Aussicht auf Erfolg hatte. In diesen Stunden, so Wenck später, wurde uns klar: „Dieser Mann und damit auch das Staatsoberhaupt, das er beriet, wussten längs nicht mehr, wie es um den Krieg stand. Nach Beratung mit meinem Stab beschloss ich, von nun an meinen eigenen Weg zu gehen." Er lehnte es ab, seine Truppen in Berlin für eine hoffnungslose Sache in den Untergang zu schicken.[26]

Jeder Kommandeur hatte ein ausgeprägtes Gespür für Anordnungen und Entscheidungen, die er aus seiner Kenntnis der Dinge für untragbar oder undurchführbar halten musste. Da die Funkaufklärung der 12. Armee ein nahezu lückenloses Bild von der Lage der 9. Armee geschaffen hatte, wusste Wenck, wie verzweifelt diese war. Dennoch erschien ihm die Möglichkeit, bis in den Raum Jüterbog vorzustoßen und damit der 9. Armee den Weg nach Westen zu öffnen, realisierbar. Auch ein weiteres Abfließen von Flüchtlingen nach Westen war dadurch möglich.

Der Kampf um die Lutherstadt Wittenberg

Die Division „Hutten" erhielt noch am 24. April von der Armee Befehl, sich unter schwacher Sicherung an der Elbe-Mulde-Front nach Osten in Marsch zu setzen, um im Raum Wittenberg, ostwärts der Elbe, einen großen Brückenkopf zu bilden und nicht nur die Lutherstadt Wittenberg, sondern auch die Dörfer nördlich von Wittenberg zu sichern. Noch in der Nacht zum 25. April wurden zwei Regimenter der Division mit eingegliederter Artillerie und Sturmgeschützen nach Wittenberg geschafft.

Am Morgen des 25. April stsnden die eingetroffenen Regimenter der Division „Hutten" östlich und südöstlich von Wittenberg im Kampf mit sowjetischer Infanterie. Es waren drei russische Schützendivisionen ostwärts von Wittenberg zum Angriff auf die Stadt angetreten. Ohne dass diese beiden gegnerischen Verbände etwas voneinander wussten, fuhren und marschierten sie nun aufeinander zu und trafen einander in einem der seltenen, immer besonders hart geführten Bewegungsgefechte.

Bis zum Mittag des Tages wurden von den beiden Regimentern drei russische Schützendivisionen über zehn Kilometer weit zurückgedrängt. Es konnten kleine eingeschlossene deutsche Truppen befreit und schließlich um Wittenberg ein 30 Kilometer breiter und 15 Kilometer tiefer Brückenkopf gebildet werden. Im Verlauf des Tages griffen die Sowjets den frisch gebildeten Brückenkopf pausenlos an. Die Russen schlossen weiter auf, zogen Panzer nach und versuchten, auf zahlreichen Straßen in die Stadt hinein vorzustoßen. Die dortigen Flakeinheiten konnten jedoch in allen Straßen die Angriffe abwehren. Im ehrwürdigen Gebäude des Augusteums in Wittenberg befand sich am 24. April der Gefechtsstand des Divisionskommandeurs Engel. Noch am gleichen Tag erhielt General Engel den Befehl, sich erneut vom Feind zu lösen und nach Norden nach Jeserigerhütte bei Wiesenburg/Mark zu verlegen, um dort nach Osten anzugreifen. Es gab für die in pausenlose Abwehrkämpfe verwickelte Division nur die Möglichkeit, durch gleichzeitige Teilangriffe das Lösen vom Gegner zu erreichen. Die russischen Truppen wurden mit rasch zusammengestellten Stoßtrupps und kleineren Kampftruppen, die von einzelnen Sturmgeschützen und Panzern begleitet waren, angegriffen.[27]

Diese Aktion überraschte die russischen Angriffstruppen, sodass die zurückgelassenen Nachhuten erst gegen Mittag am 27. April wieder angegriffen wurden. Zu diesem Zeitpunkt war die Masse der Division verschwunden. In den alten Feuerstellungen wurde von jeder Batterie ein einziges Geschütz zurückgelassen, das so lange wie möglich Störfeuer schießen musste.

Am Abend des 24. April mussten die deutschen Verteidiger von Wittenberg feststellen, dass die angreifenden sowjetischen Verbände Flächengewinne erzielt und vor allem nördlich von Wittenberg einige Dörfer besetzt hatten. So wurden die Ortschaften Köpnik, Mochau, Thießen und Schmilkendorf von ihnen eingenommen.

Die Zeitzeugenberichte von Angehörigen der Division Hutten vermitteln folgendes Bild:

Der ehemalige Leutnant Dr. Walter Jakobzek schrieb über seinen Einsatz in der Division „Hutten": „An der Mulde wurde eine Front aufgebaut, die sich ohne Flugzeugunterstützung, ohne schwere Artillerie bis zum 24. April 1945 hielt. Unsere Verluste waren damals noch gering. Sie blieben unter 10 %. Der Divisionsstab lag in der Nähe von Gräfenhainichen, ein großer Teil der Truppe in Tschornewitz (Großkraftwerk). Am 24. April 1945 setzte sich die Division nach Osten ab, unter Zurücklassung eines dünnen Schützenschleiers. Letzterer kam wahrscheinlich am 25. April in amerikanische Gefangenschaft. Am 25. oder 26. April 1945 zog die Division durch Wittenberg unter Beschuß der hier bereits angreifenden Russen. Im Weichbild der Stadt wurde einen Tag hart gekämpft. Der weitere Weg der Division ging über Coswig, Hundeluft, Belzig und Brück in den Raum nordwestlich von Beelitz."[28]

Die Einheit des Leutnants Puhlmann hielt weiter ihre Stellung an der Triftstraße in Wittenberg. Am Dienstag, dem 24. April, veränderte sich wenig am Kampfgeschehen. Die umliegenden Häuser waren teilweise zerstört. Flugzeugbomben hatten schon vorher in der Kirchstraße Ruinen geschaffen. Zum Verteidigungsabschnitt gehörte auch der Betonbunker, der für die Soldaten Sicherheit bot. Der Bataillonskommandeur hatte seinen Gefechtsstand in der Kirchhofstraße. An diesem Tag tötete ihn und seinen Adjutanten der Volltreffer eines Granatwerfers. Mit ihm starben weitere Soldaten. Im Verlauf der Kampfhandlungen hatten sich sowjetische Truppen weiter herangeschoben. Oft waren sie nur 40–50 Meter von den deutschen Soldaten entfernt. Stellenweise waren sie schon fast an der Triftstraße.

Am Nachmittag des 25. April 1945 wurde Hermann Puhlmann durch drei Granatsplitter verwundet. Er sah in dieser Situation eine Verteidigung als sinnlos an. Sie wäre nur mit dem Tod weiterer Soldaten verbunden gewesen. Deshalb hielt er es für seine Pflicht, den Soldaten seiner Einheit zu sagen, dass der Krieg für sie aus sei, dass jeder versuchen solle, in seine Heimat oder zur eigenen Familie zu kommen. Nachdem sich die kleine Einheit aufgelöst hatte, brachten zwei seiner Soldaten Leutnant Puhlmann zum Hauptverbandsplatz, der sich im Keller der Kavallerie-kaserne befand. In dem Keller wurde er ärztlich versorgt.

Hermann Puhlmann erinnert sich an das Erwachen im Keller der Kavallerieskaserne am 26. April: „Durch ein Krachen in den Morgenstunden bin ich aufgewacht. Da wurde mir bewusst, dass ich nur noch allein im Keller lag. Alle hatten den Hauptverbandsplatz verlassen. Nur ein paar Krücken lagen noch da, und ich hatte ein Verwundetenschild um den Hals. Weshalb man mich zurückließ, ist mir heute noch nicht erklärbar." Hermann Puhlmann gab nicht auf. Er versuchte, unbedingt den Anschluss an eine deutsche Einheit zu finden. Auf der Straße vor der Kaserne orientierte er sich erst einmal nach dem Gefechtslärm. Schützenfeuer ertönte aus Richtung Norden. Deutlich war der Gefechtslärm aus dem östlichen Teil der Stadt zu hören. Er versuchte deshalb, auf die Krücken gestützt, zu laufen und erlebte noch die große Detonation, mit der die Sprengung der Elbbrücke erfolgte. Unmittelbar bevor die sowjetischen Truppen die Brücke erreichten, wurde sie in die Luft gesprengt.

Als Hermann Puhlmann mit seinen Krücken in Richtung Kleinwittenberg humpelte, kam noch ein Sanitätsfahrzeug der Wehrmacht aus dem Stadtzentrum. Dieses nahm ihn auf und brachte ihn zum Hauptverbandsplatz nach Hundeluft, der in der dortigen Schule untergebracht war."[29]

Der Gefreite Dietrich Frömsdorf war im 3. Grenadierregiment der Division „Hutten", dessen Kommandeur Major Robra war. Er gehörte der 6. Kompanie im II. Bataillon an. Sein Kompanieführer war Leutnant Herrmann, und das II. Bataillon wurde von Hauptmann Klare und später von Hauptmann Scharlach kommandiert.

Dietrich Frömsdorf hatte bei Sandersdorf, Bitterfeld und Muldenstein gegen die vordrängenden amerikanischen Truppen gekämpft. Er war im Infanterieeinsatz Meldegänger und Essenholer und versorgte die Hauptkampflinie mit Waffen und Munition. Sich zurückerinnernd, beschreibt er sein Erleben vor über fünfzig Jahren: „Plötzlich kursierte bei uns das Gerücht, dass der Amerikaner mit uns gegen den Russen kämpfen würde. Amerikanische Panzer mit deutscher Besatzung wären in Richtung Ostfront schon unterwegs. Unsere Stimmung stieg gewaltig. Nach dem 22. April wurden wir umgruppiert und in Richtung Wittenberg in Marsch gesetzt. Ein Teil der Truppen marschierte, andere Teile wurden durch Pferdewagen transportiert. In Wittenberg wurden wir zwischen den 23. und 25. April 1945 an einer Flakkaserne eingesetzt. Unsere Stellung verlief zwischen den einzelnen Gebäuden. Der Russe lag von uns etwa 100 Meter entfernt in einem Wäldchen und schoss auf jeden einzelnen Soldaten mit einer Schnellfeuerkanone. Ferner deckte er uns stark mit Granatwerfern ein, so dass wir die Stellung nicht halten konnten. In einer dunklen Nacht (25.4.1945) zogen wir uns unter großen Schwierigkeiten aus der Stellung zurück und verließen Wittenberg. Wir kamen durch brennende Dörfer. In den Straßen standen brüllende Kühe, die nicht gefüttert und gemolken worden waren. In einem Bahnhof oder auf freier Strecke bestiegen wir einen Güterzug, der uns bis Brück brachte."[30]

Die sowjetischen Truppen verstärkten am 26. April den Beschuss des Stadtzentrums und einiger Randgebiete von Wittenberg. In den Nachmittagsstunden stellte die sowjetische Artillerie den Beschuss ein, und Schützeneinheiten drangen in die Stadt ein. Zu diesem Zeitpunkt hatte sich die zusammenhängende Frontlinie der deutschen Truppen schon aufgelöst. Es bestanden aber noch kleinere Einheiten, die in Zug- und Gruppenstärke hinhaltenden Widerstand leisteten und günstige Verteidigungspunkte nutzten. Aber bald erlosch der letzte deutsche Widerstand. Das musste erwartet werden, nachdem die Einheiten der Division „Hutten" am 25. April aus Wittenberg herausgezogen und in den Bereitstellungsraum Belzig verlegt wurden. Damit hatte der letzte stärkere Verband Wittenberg verlassen. Am 27. April konnte dann Wittenberg durch die 13. sowjetische Armee eingenommen und besetzt werden.

In Strehla, etwa 30 Kilometer südlich der Stadt Torgau an der Elbe, trafen am 25. April 1945 zum ersten Mal amerikanische Truppen und Einheiten der Roten Armee auf deutschem Boden zusammen. Das Deutsche Reich war damit in zwei Teile zerschnitten. Der Oberkommandierende der alliierten Truppen, General Dwight D. Eisenhower, lehnte einen weiteren Vorstoß nach Osten ab und befahl seinen Truppen, an der Mulde und Elbe haltzumachen. Die Besatzungszonen standen bereits fest. Das war eine im September 1944 getroffene politische Entscheidung der Europäischen Beratenden Kommission, die aus britischen, amerikanischen und russischen Vertretern zusammengesetzt war und von den Militärs nicht umgestoßen werden konnte.[31]

Die russischen Truppen, die bis zum 24. April noch nichts vom Vorhandensein einer 12. Armee an der Elbe gewusst hatten, erzielten an diesem Tage darüber in Gestalt eines Flugblattes Bescheid:

„Führerbefehl vom 23. April 1945!

Soldaten der Armee Wenck!

Ein Befehl von größter Tragweite hat Euch aus Euren Aufmarschräumen gegen unseren westlichen Feind herausgerufen und in Richtung Osten in Marsch gesetzt. Euer Auftrag ist klar: BERLIN BLEIBT DEUTSCH!

Die Euch befohlenen Ziele müssen unter allen Umständen erreicht werden, denn auch von anderer Seite sind Operationen mit dem Ziel im Gange, im Kampf um die Reichshauptstadt den Bolschewisten die entscheidende Niederlage beizubringen und damit die Lage Deutschlands grundlegend zu ändern. Berlin kapituliert niemals vor dem Bolschewismus! Die Verteidiger der Reichshauptstadt haben bei der Nachricht von Eurem schnellen Vormarsch frischen Mut gefasst und kämpfen mit Trotz und Verbissenheit in dem Glauben, bald den Donner Eurer Geschütze zu hören.

Der Führer hat Euch gerufen! Ihr seid, wie in alten Zeiten des Sieges, zum Sturm angetreten. Berlin erwartet Euch. Berlin sehnt Euch mit heißem Herzen herbei."[32]

Goebbels war es lediglich darauf angekommen, eine physisch-strategische Wirkung zu erzielen. Skrupellos ging er das Risiko ein, bei der Benennung der örtlichen Positionen, welche die Armee Wenck bei Potsdam bezogen hatte, den Russen die weiteren operativen Absichten zu verraten. Genau so kam es. Die Sowjets erkannten die Gefahr und gruppierten augenblicklich um. Bald kam der Angriff der 12. Armee ins Stocken. Das Überraschungsmoment war verspielt.

Die Flugblätter waren auch bereits in Berlin verteilt worden, bevor sie bei der 12. Armee eintrafen. Das Führerhauptquartier erhoffte sich davon eine Stärkung des Abwehrwillens in der Reichshauptstadt. General Wenck ließ die Flugblätter nicht mehr an die Soldaten verteilen, sondern verbrennen.

Das XXXXVIII. Panzerkorps übernahm mit seinen Truppen die Verteidigung der Front, die in den Waldgebieten zwischen Coswig und Niemegk verlief. Das Panzerkorps kämpfte am 25. April auf der Linie Wittenberg-Cobbelsdorf-Niemegk. Die befohlene Umgruppierung war mit großen Schwierigkeiten verbunden. Aufgrund der geringen Anzahl von Fahrzeugen und des Treibstoffmangels mussten die Verbände den Stellungswechsel weitgehend im Fußmarsch vornehmen. Der überwiegende Teil der Einheiten war erst neu aufgestellt worden und ungenügend ausgerüstet. Trotz der fehlenden Beweglichkeit haben die meisten Einheiten den neuen Einsatzraum erreicht. Das Panzerkorps verfügte nur über einige wenige Panzer, mehrere Batterien Artillerie, leichte und schwere Flak.

Am Morgen des 25. April trafen im brandenburgischen Ketzien Einheiten der Roten Armee aus dem Norden auf Truppen, die in einem weiten Bogen aus südlicher Richtung Berlin umrundet hatten. Die Reichshauptstadt war jetzt eingeschlossen.

Der letzte deutsche Angriff

Am 24. April führt die 12. Armee ihre befohlenen Bewegungen gegen den Ostgeg-
ner durch, unter Belassung von schwachen Sicherungen gegen den Westgegner.
Am 25. April 1945 hatte sich Wenck mit seinem Stab folgende Ziele gestellt:

   a) die Verwundeten aus dem Operationsbereich seiner Armee zu retten;

   b) die eingeschlossene 9. Armee zu befreien;

   c) den Soldaten der Korpsgruppe „Reymann" (genannt nach dem Kom-
      mandanten von Potsdam) im Raum Potsdam Unterstützung zu geben,
      da die Gefahr der Einkesselung bestand. Die Division „Jahn" wurde
      dafür eingesetzt;

   d) Fürsorge für die Flüchtlinge in seinem Bereich betreffs Verpflegung
      und Flucht nach Westen;[33]

Es ergibt sich die Frage: Warum kämpften die deutschen Soldaten 1945 bis zum
bitteren Ende, obwohl jeder von ihnen seit Monaten wusste, dass der Krieg verloren war. Wenn sie dennoch den Befehlen gehorchten, so deshalb, weil nicht nur der
geleistete Eid, sondern die jahrelange Beeinflussung durch die nationalsozialistische Erziehung eine Befehlsverweigerung ausschloss. Von der Propaganda zum
Glauben an den „Endsieg" verpflichtet, trat diese Jugend ohne jede militärische
Chance den Kampf gegen einen weit überlegenen Gegner an. Es war aber auch das
Gefühl der Verbundenheit mit den an der Front im schweren Kampf stehenden
Kameraden, die man nicht in Stich lassen wollte und schließlich der Wille, den vor
den Russen flüchtenden Zivilisten Zeit zu ihrer Rettung zu geben. Es bestand aber
auch die Furcht, als kriegsmüder Soldat von Feldjägerkommandos der Wehrmacht
gestellt zu werden und – wie in vielen Fällen geschehen – durch Schnellgerichte
abgeurteilt und hingerichtet zu werden.

Am Morgen des 26. April 1945 brach der Angriff des XX. Armeekorps (Generalleutnant Koehler) los. Es war der letzte deutsche Angriff dieses Krieges. Als linke
Flankensicherung der als Angriffsspitze nach Nordosten vorstürmenden Division
„Hutten" rollte die Sturmgeschütz-Brigade der Division „Schill" unter Führung
von Major Nebel. Die Einheiten der Division „Hutten" nahmen die Dörfer südlich
von Brück im Sturm. Dabei nahmen sie die vorausgeschickten Sicherungen auf.

   Generalleutnant Engel schreibt in seiner Studie: „In den Vormittagsstunden des
28. April wird der Gegner in schwungvollen, von einigen Sturmgeschützen unter-
stützten Angriff geworfen. Abgeschossene feindliche Panzerspähwagen verstärken
unsere Annahme, dass wir es mit motorisierten Flankenkräften des 1. Ukrainischen
Front zu tun haben. Am Nachmittag stoßen wir immer mehr auf feindlichen Widerstand, je mehr wir an den Lehniner Forst herankommen. Einzelne Pak und ganze

Riegel stellen sich uns in den Weg. Von Osten greift russische Artillerie in den Kampf ein. Wir erleben die übliche Tageskrise, das heißt, den Zeitpunkt, bei dem durch unvorhergesehene Feindeinwirkung eine Stockung im Angriff entsteht. Ich stehe nun vor der Frage, den Angriff einzustellen und nach planmäßiger Bereitstellung, unter Einsatz der eigenen schweren Waffen, wieder anzugreifen, oder unter Aufbietung aller Kraft und aller Möglichkeiten im Angriff zu bleiben. Ich entscheide mich für das letztere.

Beiden angreifenden Regimentern wird befohlen, je eine Batterie Artillerie in die Angriffsspitze vorzuziehen und ohne jede Methodik, möglichst nur aus versteckter und nicht aus verdeckter Feuerstellung heraus, die schon zu örtlichen Gegenstößen angetretenen Russen zu bekämpfen.“[34] Brück und die Wegspinne nordostwärts von Brück mit der Försterei Hackenhausen und Freienthal werden genommen.

„In den frühen Nachmittagsstunden des 28. April“, schreibt Generalleutnant Engel weiter, wird auch die zweite Widerstandslinie am Südrand des Lehniner Forstes überrannt. Die Russen fluten in die Wälder zurück. Geschützdonner und Gefechtslärm rechts von uns zeigen an, dass auch die Nachbardivisionen im Kampf stehen. Das spornt meine Einheitsführer an, das gesteckte Ziel unbedingt zu erreichen.

Gefangene russische Soldaten und Offiziere, darunter ein Kommandeur, sagten aus, dass die 'Hutten' mit ihren zwei Regimentern zwei russische Schützendivisionen zersprengt habe. Beide hatten den Auftrag, in Richtung Brandenburg vorzugehen und den Einschließungsring um Berlin zu verdichten.“[35]

Die Russen sind durch den Angriff der 12. Armee überrascht und bemühen sich, schnellstens ihre Südflanke zu verstärken. Bereits in der Nacht zum 29. April tasten Erkundungsvorstöße die erreichte Linie des XX. Armeekorps der Armee Wenck ab. Die russische Führung bekommt ein ungefähres Bild der Lage und trifft entsprechende Gegenmaßnahmen.

Die Division „Hutten“ dringt in breiter Front durch den Lehniner Forst nach Norden vor. „Die Infanterieregimenter“, schreibt Generalleutnant Engel, „sind bald in schwere Waldkämpfe verwickelt. Stellenweise wird der hartnäckige russische Widerstand mit blanker Waffe gebrochen. In den Waldschneisen sichernde russische Panzer werden durch Panzerfäuste vernichtet.

Die in den Seitensicherungen mitgehenen leichten Funkwagen melden der Divisionsführung laufend die feindlichen Bewegungen in den Flanken und das Vorwärtskommen der Nachbarn. Am Mittag des 29. April haben wir sechs Dörfer wieder zurückerobert.“[36]

Am Vormittag des 24. April 1945 trafen die ersten Panzer der russischen Armee in Beelitz-Heilstätten ein. Am 27. April konnten Teile des XX. Armeekorps Bee-

litz-Heilstätten wieder zurückerobern. Der rechte Flügel der Division „Hutten" und das linke Regiment der „Division Scharnhorst" dringen überraschend in die Beelitzer Heilstätten ein. Die russischen Soldaten flüchten nach hartnäckigem Widerstand. Verwundete, Schwestern und Ärzte jubeln den mit Schützenpanzerwagen anrollenden Infanteristen zu. Wenig später sind die gesamten Heilstätten Beelitz wieder in deutscher Hand und 3.000 deutsche Verwundete und das dazugehörende Sanitätspersonal aus russischer Gefangenschaft befreit.

Es werden unverzüglich alle verfügbaren LKW, Sanka und ein langer Güterzug nach Beelitz beordert, um die Verwundeten, das Sanitätspersonal und Medikamentenvorräte abzuholen. Viele Verwundete konnten in Sanitätsfahrzeugen nach Westen gebracht werden. Wer laufen konnte, musste zu Fuß in Richtung zum Bahnhof gehen. Wer nicht laufen konnte, wurde gefahren. Nach Stunden setzte sich der Zug in Richtung Westen auf der Bahnlinie Brück-Belzig-Güterglück in Bewegung. Weil die Gleisanlagen bei Güterglück von den Amerikanern bombardiert worden waren, hielt der Zug im Ort Lindau/Anhalt, es war Endstation. Am 29. April begann das zügige Ausladen. In Lindau/Sachsen-Anhalt blieben ca. 800 Verwundete. Der überwiegende Teil der Verwundeten kam am anderen Tag in ein Lazarett nach Magdeburg-Herrenkrug auf ostelbischem Gebiet. Ein Zeitzeuge, der als Leichtverletzter in Lindau untergebracht war, berichtet: „Es wird erzählt, dass die Russen bis zur Elbe und demnach auch nach Lindau kommen. Am 3. Mai marschieren einige hundert Gehfähige unter Führung eines Stabsarztes zu den Amerikanern nach Güterglück. Mit Lastwagen werden wir über eine Pontonbrücke über die Elbe gebracht. Über Barby geht es nach Calbe/Saale, wo wir in einer Brauerei-Niederlage untergebracht werden und übernachten. Am anderen Tag geht es weiter über Hildesheim in das Gefangenenlager Hannover-Bemerode."[37]

Nach Befreiung der Beelitzer Heilstätten ging der Angriff der Divison „Hutten" weiter. Am Abend des 26. April eröffneten die Einheiten des XX. Armeekorps aus ihrem Bereitstellungsraum Brandenburg/Belzig ihren Entlastungsangriff in Richtung Potsdam, wo die russischen Kräfte nicht ganz so stark waren. Zuerst klappte alles planmäßig, denn die Stoßrichtung vermied die vorbereiteten Stellungen des 5. mechanischen Gardekorps und der 13. sowjetischen Armee und überraschte das 6. mechanische Gardekorps an der offenen Flanke. In den Wäldern wurden russische Werkstatt- und Versorgungseinheiten überrascht und in Stellung befindliche Artillerie überrumpelt. Das Oberkommando der Wehrmacht berichtete am 27. April 1945: „Unsere von Westen schwungvoll angreifenden jungen Divisionen erreichten den Raum von Beelitz und stehen dort in schweren Waldkämpfen mit den Sowjets … Die von uns angesetzten Divisionen warfen den Feind in erbittertem Ringen auf breiter Front zurück und haben Ferch erreicht." Nächstes Ziel der „Hutten" ist das Autobahndreieck südlich von Ferch. Die Angriffsspitzen der Divi-

sion waren bis zum 28. April nach Ferch vorgedrungen. Je stärker sich der Angriff diesem Ziel nähert, je stärker wurde der Widerstand. Dann erkannten die Spitzen der Division „Hutten" am Autobahndreieck mehrere Panzer vom Typ „Josef Stalin", die die Deutschen erwarteten.

Über den Kampf am Autobahndreieck südlich von Ferch schreibt Generalleutnant Engel: „Ich greife diese Panzer mit besonderen kampferfahrenen Besatzungen und Sturmgeschützen an. Wie jede Waffe, so hat auch der 'Stalin' schwache Stellen. Er ist zu schwer und damit ziemlich unbeweglich. Dazu muss er nach jedem Schuss zum erneuten Nachladen das großkalibrige Kanonenrohr herunterkurbeln. Das nimmt Zeit in Anspruch und ist der Moment, wo man diesen Kolossen beikommen kann. Hiergegen setzen wir unsere beweglichen Sturmgeschütze an. Sie pirschen sich, begünstigt durch Wald- und Buschgelände, an die Stalin-Panzer heran, locken ihr Feuer heraus, und preschen dann aus der Deckung hervor, um zu schießen. Die erfahrenen Sturmgeschützmänner setzen ihre Granaten zwischen Turm und Chassi, und der Turm ist dann meistens verklemmt. Dann noch ein paar Granaten in die Ketten, und die russischen Besatzungen booten meistens aus. So werden am Autobahndreieck bei Ferch sechs Stalin-Panzer ohne einen eigenen Verlust abgeschossen."[38]

Bis zum Abend des 29. April wurde von den Divisionen „Schill" und „Hutten" die Linie Bliesendorf-Ferch erreicht. Die Ortschaft Ferch wurde von „Hutten" überraschend ohne Kampfhandlungen vorübergehend eingenommen.

Es war durch die 12. Armee zunächst auf einen Stoß auf Berlin gedacht, der dann aber nur in eine Sperrfunktion bzw. Wartestellung umgewandelt werden musste, weil die eigenen Kräfte nicht ausreichend waren. Hitler verbot jedes Ausweichen nach Westen. „Offiziere, die sich dieser Anordnung nicht bedingungslos fügen, sind festzunehmen und augenblicklich zu erschießen!"

Als sich am Nachmittag des 29. April im Hauptquartier der 12. Armee in Pritzerbe abzeichnet, dass die Angriffsverbände des XX. Armeekorps infolge des zunehmenden Feindwiderstandes nicht mehr viel Raum gewinnen werden, lässt General Wenck an Generalleutnant Reymann, den Verteidiger des eingeschlossenen Potsdam, funken: „XX. Armeekorps steht bei Ferch. Mit allen Kräften Ihrer Armeeabteilung zur 12. Armee durchstoßen." Das XX. Armeekorps war ab 29. April in die Abwehr gedrängt worden. Es gab starke russische Angriffe bei Schlalach, beiderseits Beelitz und bei Ferch.

Die ersten Ausbruchsgruppen von Potsdam erreichen in der Nacht zum 30. April die Aufnahmestellungen des XX. Armeekorps am Schwielow-See. Gruppen der Division „Jahn", die im Raum Caput standen, schlugen sich durch den Potsdamer Forst zum Ostufer des Schwielow-See durch und gelangten in Booten über den See nach Westen. Insgesamt waren es etwa 15.000 Mann, die aus Pots-

dam herauskamen. Die Masse der Armeegruppe Reymann kam über die Havelenge Alt-Geltow zur 12. Armee. Generalleutnant Reymann deckte bis zuletzt mit eigenen kampfkräftigen Einheiten den Abfluss der Potsdamer Besatzung.

Am Autobahndreieck südlich von Ferch hielt indessen die Division „Hutten" ihren Raum gegen immer wieder vorgetragene Feindangriffe. Am 30. April stand fest: Der Angriff auf Berlin hatte sich festgelaufen. Das XX. Armeekorps war in die Verteidigung gedrängt worden und hatte Mühe, seine Front zu halten. Die gemäß Führerbefehl ostwärts und südostwärts von Berlin stehengebliebene 9. Armee war am 22. April eingeschlossen. Berlin lag schutzlos vor der Roten Armee. In dem etwa 1.200 Quadratkilometer großen Kessel um den kleinen märkischen Ort Halbe, südöstlich von Berlin, befanden sich mehr als 200.000 Angehörige der Wehrmacht, die aus dem Seelower Raum zurückgewichen waren. Sie waren vorwiegend von der 9. Armee und der 4. Panzerarmee sowie Resttruppen der Heeresgruppe Mitte, darunter eine unbekannte Zahl von Zivilisten.

Ausbruch der 9. Armee aus dem Kessel von Halbe

Am 25. April begannen die ersten Durchbruchsversuche und scheiterten. Gegen Abend des 28. April war General Busse tatsächlich bereit, mit der 9. Armee und den mittlerweile zu ihm gestoßenen Überlebenden der Festung Frankfurt/Oder aus seinem Kessel zwischen Halbe und Märkisch-Buchholz westlich der Dame auszubrechen. Die Armeeführung stand vor der Alternative: Kapitulation und russische Gefangenschaft oder Ausbruch um jeden Preis. Sie wählte Letzteres. Es wurde beschlossen, alles auf eine Karte zu setzen und zur 12. Armee durchzustoßen. Feldjäger hatten die Jagd auf „Deserteure" bereits seit dem 24. April eingestellt. Die 9. Armee operierte deshalb beim Ausbruch energisch und ohne Rücksicht auf Verluste. Busse hatte direkten Funkkontakt zu Wenck, der ihm die Marschroute nach Beelitz mitgeteilt hatte. Hier waren die Sowjets noch relativ schwach. Der Weg sollte rund sechzig Kilometer durch ausgedehnte Waldgebiete westlich an Luckenwalde vorbeiführen. Die Bewegungen mussten Tag und Nacht erfolgen, um möglichen Gegenangriffen der Sowjets zuvorzukommen. Unter die bewaffneten Kräfte der 9. Armee hatten sich Tausende von Zivilisten gemischt, die sich entschlossen hatten, den Ausbruch mitzumachen.

Das Dorf Halbe war am Ende das Nadelöhr, durch das sich eine ursprüngliche Frontbreite von 80 km zu verengen hatte, um nach Westen abfließen zu können.

Wencks 12. Armee hielt während des 29. April gegen zunehmenden sowjetischen Druck immer noch ihre stark auseinandergezogene Front und wartete verzweifelt auf das Erscheinen der 9. Armee. Ihr wurde es sehr erschwert, ihre Stellung zu halten,

weil die Sowjets jetzt versuchten, die Rückzugslinien zur Elbe abzuschneiden. Die zahlenmäßig und waffentechnisch weit überlegene sowjetische 4. Gardearmee bot alles auf, um den in Richtung Caputh und Michendorf fortgesetzten deutschen Angriff zu stoppen.

Wenck übermittelte am Abend dem OKW folgende Meldung: „XX. Armeekorps nunmehr in ganzer Front in Abwehr gedrängt. Starke Angriffe bei Schlalach, beiderseits Beelitz und bei Ferch unter Abriegelung mehrerer Einbrüche bisher abgewiesen. Bei Niemegk feindliche Ansammlungen. Fortsetzung der Angriffe auf Berlin daher nicht mehr möglich, zumal auch mit Unterstützung durch Kampfkräfte der 9. Armee nicht mehr gerechnet werden kann."[39] In der Nacht stimmte Keitel,

General Theodor Busse.
Kommandeur der 9. deutschen Armee

wenn auch widerwillig, Wencks Lagebeurteilung per Funkspruch zu. Damit hatte Wenck freie Hand, seine Pläne in die Tat umzusetzen. Und so musste Generalfeldmarschall Keitel Hitler in einem Funkspruch melden, dass die Spitze Wencks südlich des Schwielow-Sees festlag und den Angriff auf Berlin nicht fortsetzen konnte.

Die Reste von Busses 9. Armee schoben sich inzwischen nach Funkanweisung von Wenck auf das Dorf Wittbrietzen, sieben Kilometer südlich von Beelitz vor. Am 1. Mai 1945 frühmorgens taumelten die ersten total erschöpften Soldaten der 9. Armee in unüberschaubarer Menge von Gruppen und Grüppchen auf unterschiedlichen Wegen ihren Befreiern in die Arme.

Am frühen Morgen des 1. Mai 1945 zeichnete sich auch im Abschnitt der Division „Hutten" der Durchbruch der 9. Armee ab. Generalleutnant Engel ließ sofort eigene Truppen zum Nachstoß ansetzen, als er bemerkte, dass die Russen vor ihnen in Bewegung gerieten. Durch diesen Stoß in den Rücken kamen die Sowjets ins Wanken. Die Kampfgruppe bildete einen Breitkeil von fünf Kilometer durch die zurückweichenden russischen Verbände, um einen genügend breiten Schlauch für die Aufnahme der abgekämpften Truppen der 9. Armee zu erreichen. So konnten auch in diesem Abschnitt alle Soldaten und Flüchtlinge aufgenommen werden. Durch nichts in der Welt konnten die befreiten Soldaten dazu gebracht werden, weiterzumarschieren, viel weniger zu kämpfen. Diese Truppe war nicht mehr ein-

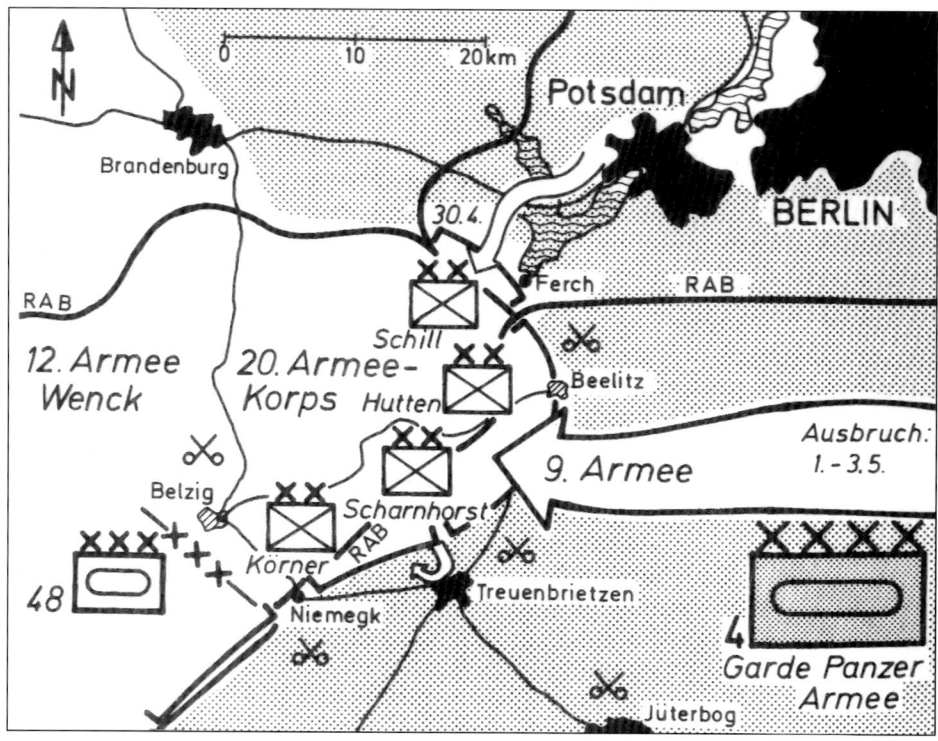

Der Durchbruch der Reste der 9. Armee.

zusetzen. Die zehntägige Kesselschlacht hatte sie total zermürbt. Alles, was an Fahrzeugen aufgeboten werden konnte, schaffte Soldaten und Flüchtlinge aus der Gefahrenzone. Eine präzise Bilanz der Verluste der 9. Armee ist nicht aufzustellen. Es wird geschätzt, dass von den 200.000 eingeschlossenen Soldaten während des Durchbruchs 40.000 gefallen und etwa 130.000 in sowjetische Gefangenschaft geraten sind. Die Zahl der Soldaten, denen der Durchbruch bis zur 12. Armee gelungen war, gibt General Busse mit 20.000–30.000 an. Die 9. Armee hatte aufgehört zu bestehen.[40]

Beim Oberkommando der Wehrmacht in Berlin stellte sich die Situation im Wehrmachtsbericht vom 1. Mai 1945 jedoch völlig anders dar: „Südlich der Reichshauptstadt haben die Verbände unserer 9. Armee den Anschluss an die Hauptkräfte gefunden und stehen mit diesen in der Linie Niemegk-Beelitz-Werder in harter Abwehr gegen die pausenlos anrennenden Sowjets.[41]

Das XX. Armeekorps mit den Divisionen „Hutten", „Scharnhorst" und „Körner" hielten noch 48 Stunden die Aufnahmestellungen zwischen der Südspitze des Schwielow-Sees und Treuenbrietzen, um noch Nachzügler der 9. Armee zu sammeln. Doch der russische Druck wurde zunehmend stärker, und es war abzusehen, wie lange noch gehalten werden kann. Auf den 60 Kilometern von Märkisch Buchholz bis Beelitz starben vermutlich 60.000 Menschen, darunter 30.00 deutsche Soldaten, 10.000 Zivilisten und 20.000 Rotarmisten. Allein auf dem Soldatenfriedhof in Halbe ruhen aus der Kesselschlacht mehr als 22.000 Menschen. Er ist heute eine der größten Kriegsgräberstätten der Bundesrepublik. Die damaligen Bewohner der Ortschaften Halbe, Tempitz, Märkisch-Buchholz, Prieros, Bestensee und Mittenwalde wurden ab 1. Mai 1945 Wochen hindurch allmorgendlich von Militärfahrzeugen der Roten Armee zusammengeholt, um in den Wäldern um Halbe Aufräumungsarbeiten zu leisten. Das Sommerwetter dieser Tage in diesem Landstrich begünstigte die Zersetzung der toten Menschen und Tiere. Die Gräber brauchten nicht erst ausgehoben zu werden. Schützengräben und Schützenlöcher gab es genug. In sie wurden die Toten gelegt und eilends zugeschaufelt. Diese Eile war notwendig, denn der über dem weiten Gebiet liegende Brand- und Verwesungsgeruch war unerträglich. Die Menschen, die hier unter Aufsicht von Rotarmisten arbeiten mussten, leisteten Unmenschliches, denn noch immer brannte der Wald, und es explodierten noch Munitionsvorräte und Blindgänger. Die bei den Bürgermeistern anfänglich noch abgelieferten Hälften von Erkennungsmarken mussten später auf Verlangen der örtlichen sowjetischen Kommandeure abgeliefert werden.

Im Jahre 1994 wurde zum Gedenken an die in den Wäldern gefallenen deutschen und russischen Soldaten auf Privatinitiative eines Münchner Ehepaares ein acht Meter hohes Gedenkkreuz westlich der Autobahnauffahrt Ferch, unmittelbar nordwestlich der Eisenbahnlinie, errichtet. Der Spender des Gedenkkreuzes, Ernst Rose, würdigte damit das Andenken der Gefallenen, darunter auch seines 18-jährigen Bruders.[42]

Bei diesen Kämpfen konnten von der Division „Hutten" noch folgende gefallenen Wehrmachtsangehörige festgestellt werden:[43]

Rose, Wilhelm, vom 2. Rgt., 2.Btl., 6. Kompanie, 3. Zug, 2. Gruppe,
Hille, Max, vom 3. Rgt., 2. Btl., 6. Kompanie
Prause, Josef, 2. Rgt., 6. Kompanie
alle gefallen am 30.4.1945 und in einem Waldgrab bei Neuseddin.

Die Absetzbewegung zur Elbe

Am 1. Mai erfolgte von der Wehrmacht um 17.00 Uhr der Code „Y + 3 Sommernachtstraum". Mit dieser verschlüsselten Nachricht als Funkspruch begannen die Vorbereitungen zum Rückzug der Wehrmachtseinheiten der 12. Armee. General Wenck kämpfte sich mit den Resten seiner Armee nach Westen durch, um sie in

amerikanische Gefangenschaft zu führen. Die letzte Eintragung im Kriegstagebuch des Stadtkommandanten von Belzig am 4. Mai 1945 lautet: „Das Deutsche
Reich respektive der Kommandierende General Wenck, der 12. Armee, legt großen
Wert darauf, dass straffe, disziplinierte kampffähige Verbände im weiteren Kampf
gegen Russland erhalten bleiben. Die Verhandlungen mit Amerika wegen Waffen-
gang gegen Bolschewismus scheinen einen günstigen Fortgang zu nehmen."[44]

Eine völlig unrealistische Hoffnung, die Westalliierten würden sich in letzter
Minute entschließen, der Sowjetunion den Krieg zu erklären und diesen Kampf
gemeinsam mit den verbliebenen deutschen Truppen zu führen. Die Ursache dieses
Glaubens lag offenbar in der verbreiteten Propaganda, welche die deutsche Wehr-
macht zur Fortsetzung der Kampfhandlungen bis zum bitteren Ende gegen die
Rote Armee bewegen sollte.

Die 12. Armee und ihr XX. Armeekorps mussten in den nächsten Tagen den
Abzug der 9. Armee sowie der Garnison Potsdam nach Westen decken. Dies war
besonders die Aufgabe der Garnison Potsdam und der Infanterie-Division „Ulrich
von Hutten" mit den zugeordneten Sturmgeschützen. Sie bildeten eine Sperrlinie
längs der Eisenbahnstrecke Elsholz-Ferch/Lienewitz von 12 Kilometer Länge. Wo
man auch hinsah, setzten sich eigene Truppen nach Westen ab.

Ein Regiment der Division „Hutten" kam mit LKW-Transportraum aus dem
Raum Ferch. Die Seitensicherungen hatten bereits auf dem Marsch Feindberüh-
rung. Auch die Ost- und Südfront der 12. Armee kamen in Bewegung. Das die
Südfront haltende XXXXVIII. Panzerkorps wich in die Linie Niemegk-Altengra-
bow-Burg zurück. Am Abend des 2. Mai und in der Nacht zum 3. Mai gaben die
Divisionen des XX. Armeekorps „Scharnhorst" und „Körner" die Ostfront auf,
während die Divison „Hutten" die Nachhut bildete. Die 12. Armee konnte auf der
Linie Niemegk-Linthe-Beelitz-Heilstätten-Ferch bei dem Vorstoß auf Berlin zeit-
weilig Positionen gewinnen. Angesichts der Kräftekonstellation aber war nur ein
vorübergehender begrenzter Erfolg möglich.

Der Plan von Generalleutnant Engel sah vor, in drei großen nächtlichen Sprüngen
die befohlenen Stellungen im Brückenkopf Tangermünde zu erreichen. Von der Division „Hutten" wurde auch für den Rückzug die Keilform gewählt, wobei einmal ein
Regiment, das nächste Mal zwei Regimenter die Nachhut bildeten. Die Artillerie wurde dabei grundsätzlich zur Unterstützung der Nachhut eingesetzt und bei dieser belassen. Panzer, Panzerspäh- und Schützenpanzerwagen waren auf die Flügel gezogen
worden, um so die Flanken der sprungweise zurückgehenden Division zu sichern.[45]

Starke Nachhuten wurden mit allen beweglichen schweren Waffen in den alten
Stellungen bis zum Auflaufen der Russen belassen. Die nachdrängenden Russen
sollten schlagartig unter Feuer genommen werden, um sie dadurch zu Truppenbe-
reitstellungen und Angriffsvorbereitungen zu zwingen. Dadurch entstand ein Zeit-

gewinn für die eigene Truppe. Zurücknahme der Nachhuten auf zusammengefass-
ten LKW-Kolonnen. Während so ein Nachhut-Regiment der „Hutten" am Morgen
des 3. Mai die Russen am Autobahn-Dreieck und nördlich von Beelitz aufhielt,
bezog das andere Regiment der Division eine Aufnahmestellung beiderseits von
Rädel. Das Waldgebiet zwischen Beelitz und Golzow kam der Absetzbewegung
entgegen. Dieter Reimann berichtet: „Dieter Reimann war seit den Gefechten um
Beelitz der persönliche Begleiter des Kommandeurs vom Regiment 3 der Division
'Hutten', Major Robra. Jetzt auf dem Weg zur Elbe, fährt er ein Kettenrad mit dem
aufgesessenen Regimentskommandeur. Nachdem er Major Robra zur letzten Stellung im Elberaum gefahren hat, wird er persönlicher Begleiter von Hauptmann
Scharlach. Das Bataillon hat Stellung im Wald von Schönhausen bezogen. Neben
den Grenadieren von 'Hutten' liegen Soldaten der Division 'Scharnhorst' in Stellung."[46] Gleichzeitig bezieht am 3. Mai das XXXXVIII. Panzerkorps im Süden die
Linie Zerben-Fiener Bruch – Groß Wusterwitz. Ferchland ist laut Abstimmung mit
der US-Armee die Übergangsstelle für das XXXXVIII. Panzer-Korps. Hans Jürgen Wegener schreibt darüber: „Fahrzeuge und Geräte verließ man, wo Platz war
und ging mit Handfeuerwaffen und Stahlhelm an die Elbfähr-Anlegestelle. Nach
einer langen Wartezeit kommt Wegener am frühen Nachmittag auf einen Elbkahn,
an dessen Deck man vor Landsern keine Planke mehr sah. Schließlich am Westufer
angekommen, formieren sich die Soldaten zu ordentlichen Marschkolonnen, um
zu den Amerikanern zu marschieren. Drei amerikanische Soldaten zeigten uns den
Haufen, auf die wir Gewehre, Munition und Stahlhelme zu werfen hatten."[47]

Dietrich Frömsdorf vom Grenadierregiment 3 beschreibt seinen Rückzug zur
Elbe wie folgt: „Unsere Kompanie verlässt im Eilmarsch den Raum Beelitz in
Richtung Westen. Da wir durch ein Gebiet müssen, das von Russen schon besetzt
ist, versuchen wir, die Ortschaften zu umgehen. Major Robra erkundet die Gegend
mit dem Kettenrad, Begleitschutz gibt mein Freund Dieter Reimann. Über Funk
melden sie uns den sicheren Weg. Wir wollen den Kampf mit den Russen unter
allen Umständen vermeiden. Je weiter wir kommen, um so größer wird die Gruppe
der Menschen, die sich uns anschließen wollen. Viele Zivilisten haben in den von
Russen besetzten Gebieten furchtbare Dinge erleben müssen, als sie nun wieder
deutsche Soldaten sehen, gibt es kein Halten mehr, sie wollen mit.

Wir ziehen es vor, nachts zu marschieren und am Tage im Wald zu schlafen. Ich
habe jegliche Orientierung verloren. Mehrmals werden wir auf LKW verladen, um
schneller den neuen Einsatzort zu erreichen. Unser neuer Einsatzort soll an der
Havel sein. Wir sollen das Übersetzen der Russen verhindern, der bereits das andere Ufer besetzt hält. Uns wird klargemacht, das unser Einsatz dort die Einkesselung
der Truppe verhindern wird. Aber kein Russe lässt sich dort blicken, und im Morgengrauen werden wir von einem Zug Infanterie abgelöst.

Nun geht es auf direktem Weg in Richtung Schönhausen zur Elbe. Nach tage-langen Märschen sind wir völlig übermüdet. Einige schlafen im Gehen ein und wollen nicht mehr weiter. In einer großen Feldscheune am Wegrand machen wir halt. Die ist jedoch mit anderen Soldaten völlig überlegt. Wir kriechen mit hinein und schlafen augenblicklich ein. Als wir erwachen, ist die Scheune leer, nur unser Haufen ist zurückgeblieben. In dem bleiernden Schlaf hat keiner von uns bemerkt, wie die andere Truppe abmarschiert ist.

Im Wald von Schönhausen heben wir an einer Kreuzung zweier Waldwege unsere Stellung aus. Wir befinden uns im äußersten Flügel unseres Regiments. Unser Nachbar soll die Infanterie-Division 'Scharnhorst' sein. Eines Tages sind die Soldaten der Nachbareinheit verschwunden. Das macht uns mehr und mehr unru-hig, da wir auch von unserer Truppe keine Nachricht mehr erhalten. Wir packen unsere Sachen zusammen und hauen ab. Als wir unseren Gefechtsstand erreichen, werden wir von unserem Hauptmann Scharlach und Leutnant Friedemann mit vor-gehaltener Pistole aufgehalten. Der Hauptmann droht, jeden zu erschießen, der nur einen Schritt zurückweicht. Mein MG-Schütze ist der Meinung, er kann nicht mehr, aber der Leutnant wird uns als Begleitung bis zur Stellung mitgegeben, um sicher zu sein, dass wir dort auch ankommen. Der ist jedoch mit seinem weißen Verband einer Kopfverletzung weithin sichtbar. Sprungweise, dann robbend, arbei-ten wir uns in unsere alte Stellung vor. Der Russe hat uns bald entdeckt und schießt mit Granatwerfern auf uns. Die Granaten detonieren bereits in den Baumwipfeln und die Splitter sausen umher. So harren wir aus, bis der Beschuss aufhört.

Am Abend kommt Kamerad Dieter Sperber vor und teilt uns mit, dass wir bei der Parole 'Fuchs' die Stellung verlassen sollen. Am nächsten Morgen sind alle verschwunden, die Parole hat uns nicht erreicht. Wieder sind wir die Allerletzten, die mit dem MG zurückgeblieben sind. Wir packen ein, das MG, die Gurtkisten, Zeltbahn, Decke und rennen aus der Stellung. Wir haben viel zu schleppen und die-se sandigen Waldwege. Es geht einfach nicht mehr. Ich schlage das MG an einem Baum kaputt und werfe die Gurtkisten weg, nur unsere Pistolen behalten wir. Um die Orientierung nicht zu verlieren, laufen wir an einem Waldweg entlang. Plötz-lich vernehmen wir Stimmen. Es sind Kameraden vom ersten Zug. Der Leutnant, dekoriert mit dem Panzervernichtungsabzeichen auf dem Ärmel und einem EK1, erklärt uns, dass sie auch nicht vom Abmarsch unseres Regiments unterrichtet wur-den. Wir flüchten getrennt, um nicht entdeckt zu werden. Nach ca. 3 km holen wir endlich unsere Kompanie ein. Von Leutnant Hermann kein Wort der Erklärung, stattdessen bekomme ich Ärger, weil das MG weg ist.

Es ist am Morgen des 7. Mai 1945. Noch einmal sollen wir auf der Landstraße Fischbeck-Tangermünde den Rückzug unserer Truppen decken. Aber der Druck der Russen wird immer größer. Artilleriebeschuss aber auch direkter Beschuss durch T 34 liegt auf der Gegend. Der Russe steht mit Panzer und Infanterie einige hundert Meter entfernt in einem Wäldchen und schießt auf jeden, den er sieht. Als der Strom von Menschen in Richtung Tangermünde abreißt, bekommen auch wir den Absetzbefehl. Nun muss jeder selber sehen, wie er zurückkommt. Sprungweise arbeite ich mich bis zur Landstraße zurück. Dort angekommen, greife ich mir ein weggeworfenes Fahrrad, um damit schneller die Elbe zu erreichen. Da der Straßengraben mit Autos, Wagen, Gepäckteilen und Ausrüstungsstücke übersät ist, versuche ich, das Fahrrad auf der Straße schiebend voran zu bringen. Sofort gerate ich in das Sichtfeld der Russen. Ein T 34 setzt mir in wenigen Metern Entfernung eine Granate vor die Nase. Der Dreck fliegt mir ins Gesicht, meine Feldmütze wird von einem Splitter durchbohrt. Ich ziehe es vor, das Fahrrad liegen zu lassen und arbeite mich wieder gedeckt im Straßengraben bis zur Elbe vor. Es muss noch früh am Nachmittag sein, als ich dort ankomme. Aber was ich hier sehe, verschlägt mir den Atem.

Pioniere hatten hier vor einiger Zeit die Elbbrücke gesprengt und nun einen kleinen Notsteg, einen Meter breit, über herunterhängende Gleise gebaut. Tausende Soldaten und Zivilisten drängten sich vor dem Steg, um über die Elbe zu gelangen. Der kleine Steg lässt jedoch keinen schnellen Übergang über die Elbe zu. Viel zu langsam arbeiten sich die Massen, einer hinter dem anderen, auf dem schmalen Steg über die Brücke. Der Russe ist nicht weit hinter uns und schießt hinein. Die Masse ist unruhig. Einige Soldaten wollen sich den Weg mit Waffengewalt erzwingen. Ein mir unbekannter Oberleutnant entsichert seine Pistole und schreit: „Wer hier rüber geht bestimme ich, jeder andere wird umgelegt!" Da kommt wieder etwas Ordnung in den Haufen, obwohl wir mitten im russischen Feuer liegen. Werfergranaten und schweres MG-Feuer treffen in die Menge der Wartenden. Durch Einschläge in die Brückenkonstruktion fliegen uns Eisenteile um die Ohren. Andere fallen vom Notsteg in die Elbe und ertrinken. Auf der anderen Seite suchen Amerikaner Deckung unter ihren Panzern, auch dort gehen Granaten nieder.

Soldaten springen in die Elbe, zum Teil mit Pferden schwimmend, oder nur in Unterhose bekleidet. Aber nur wenige erreichen das rettende Ufer, die Strömung ist stark, das Wasser zu kalt.

Gegen 15.30 Uhr bin ich an der Reihe. Auf dem schwankenden Notsteg überquere ich die Elbe, und ein baumlanger amerikanischer Soldat nimmt mich in Empfang. Als erstes muss meine silberne Uhr, ein Geschenk meiner Mutter, dran glauben. Sie verschwindet in einem Beutel anderer Uhren. Dann nimmt er mir meine P 38 ab, und ich bin Kriegsgefangener.

Gegen 18.00 Uhr erreicht der Russe das östliche Elbufer. Der Krieg ist aus. Ost- und Westfront treffen aufeinander. Wir werden nach hinten, in Richtung Flughafen Stendal eingewiesen."[48]

Kapitulation – die letzten Tage der 12. Armee

Am 2. Mai durchbrachen sowjetische Panzerspitzen der 47. Armee und der 1. polnischen Armee, die im Verband der 1. Weißrussischen Front kämpften, die Verteidigungsräume des XXXXI. Panzerkorps und drangen in Havelberg ein. Das deutsche Panzerkorps wurde nach Wittenberge abgedrängt. Von diesem Tag an blieb Havelberg in sowjetischer Hand. Die letzte Verteidigungslinie bildete das IV. Bataillon (Sachsen Bataillon) der HJ-Panzervernichtungs-Brigade unter Stammführer Zoch. Eine weitere HJ-Division mit Namen „Zur Vergeltung" gibt auf eigene Faust ihre Stellungen auf, ohne sich mit den Nachbarn abzustimmen. In dieser panikartigen Situation verlässt auch die Grenadier-Division Meyer ihre Stellungen. Eine sowjetische Vorausabteilung konnte unter Verlusten in die Stadt Havelberg eindringen. Die Jungen des Sachsen-Bataillons können jedoch bei Havelberg noch aushalten. Erst am 3. Mai bekam das Bataillon Unterstützung durch ein Regiment der Division „Hutten". Es verstärkte das hier allein stehende HJ-Bataillon und sicherte die Südflanke der Stadt. Es gelang den Russen nicht, die Front der 12. Armee von Norden aufzurollen.

Bis zuletzt hatten die Nazis 15- bis 17-Jährige als Kindersoldaten schlecht ausgebildet und rücksichtslos in die Kämpfe geschickt. Es war ein Verbrechen der Nazis, Kinder zu Soldaten zu machen.

Die 12. Armee konnte damit vor einer Katastrophe bewahrt werden. Der Raum von Havelberg bis Rathenow und Genthin musste als Rückzugsraum für die Verbände der 12. Armee gehalten werden. General Wenck sah am 3. Mai die Zeit für gekommen, mit der 9. Armee der Amerikaner zwecks Kapitulation und Übernahme der 12. und 9. Armee in amerikanische Gefangenschaft zu verhandeln. Entsprechend den Abmachungen der Alliierten waren Teilkapitulationen möglich. Die alliierten Befehlshaber waren ermächtigt, reine militärische Waffenstreckungen der ihnen gegenüberstehenden Streitkräfte zu akzeptieren und auszuhandeln. Sie konnte von einer Kompanie bis zu einer deutschen Armee erfolgen. Die kapitulierenden Einheiten und Verbände mussten ihre Waffen ausliefern und bis zum Erhalt weiterer Weisungen an Ort und Stelle bleiben.[49]

Der kommandierende General des XXXXVIII. Panzerkorps, General Freiherr von Edelsheim, erhielt auf seinem Gefechtsstand in Miltzel (südlich Genthin) den fernmündlichen Befehl, sich unverzüglich auf dem Gefechtsstand der 12. Armee in Klein Wulkow zu melden. Die Führung des XXXXVIII. Panzerkorps übernahm ab 3. Mai 1945 Generalleutnant Wolf Hagemann. General Wenck beauftragte General Freiherr von Edelsheim, an die Elbe zu fahren, um mit den Amerikanern in Kapitulationsverhandlungen einzutreten. Die Delegation bestand aus vier Personen. Den General begleiteten Oberstleutnant i.G. Seidel, der persönliche Generalstabsoffizier Wencks, Major Kandusch, Ic des XX. Armeekorps als Dolmetscher, und der Obergefreite Kiem als Fahrer. Damit die Gruppe nicht am Überschreiten der Elbe von deutscher Feldgendarmerie gehindert werden konnte, gab ihr General Wenck ein Begleitschreiben und ein Schreiben für die Amerikaner mit.

In dem Begleitschreiben heißt es: „Der General der Panzertruppe Reichsfreiherr von Edelsheim hat von mir den Auftrag, als offizieller Parlamentär der Armee in Gegend Tangermünde die Verbindung mit den Amerikanern aufzunehmen.

Die Truppe ist anzuweisen, General Reichsfreiherr von Edelsheim jede Unterstützung zu gewähren und bei der Rückkehr gegebenenfalls die sofortige auf schnellsten Wege zum A.O.A. zu veranlassen. Begleitung des Generals von Edelheim befinden sich Oberleutnant i.G. Seidel, Major Kandusch, Obergefreiter Kiem." Gez. Wenck, General der Panzertruppe.[50]

Leutnant Walter Schreiter. Inf. Div. „Hutten" 1. Rgt. 1. Btl. 1. Komp.

Im Schreiben an das amerikanische Armee-Oberkommando heißt es: „Ich entsende den General der Panzertruppe Reichsfreiherr von Edelsheim als offiziellen Parlamentär meiner Armee, um mit dem gegenüber befindlichen amerikanischen Armee-Oberkommando in Verhandlung zu treten. Ich werde mit meiner Armee den Kampf gegen den Bolschewismus bis zur letzten Patrone fortsetzen.

Im Armee-Bereich befindliche zahlreiche Verwundete können nicht versorgt werden, da das Sanitätsmaterial ausgegangen ist.

Die zahlreiche Zivilbevölkerung, die von dem bolschewistischen Feind drangsaliert und geschändet wurde, ist vor den Russen geflohen und befindet sich hier und auch besonders im Raum ostwärts Magdeburg auf engem Raum zusammengedrängt und kann die Elbe nicht überschreiten.

Zahlreiche Soldaten, die über keine Waffe mehr verfügen, beabsichtige ich aus dem Wehrdienst zu entlassen, um so mit der konzentrierten Kraft meiner Armee dem bolschewistischen Feind möglichst lange Abbruch zu tun.

Ich stelle durch den General der Panzertruppe Reichsfreiherr von Edelsheim folgende Bitten an das amerikanische Oberkommando:

1. Übernahme der Verwundeten,
2. Herüberlassen der Zivilbevölkerung, insbesondere der Frauen und Kinder, auf das westliche Elbufer,

3. Herüberlassen der Soldaten ohne Waffen auf das westliche Elbufer,
4. nach Beendigung des letzten Kampfes der Armee, der bis zur letzten Patrone fortgesetzt wird, Übernahme der geordneten Verbände und Überführung als aufrechte Soldaten zur Verfügung des amerikanischen Armee-Oberkommandos". Gez. Wenck General der Panzertruppe.[51]

Gegen Mittag des 3. Mai steuerte Obergefreiter Kiem einen Schwimmwagen mit den Parlamentären etwas südlich der zerstörten Elbbrücke Tangermünde über den Fluss. Die Kapitulationsverhandlungen begannen am 4. Mai morgens um 8.00 Uhr im Rathaus in Stendal und wurden auf amerikanischer Seite vom Chef des Stabes der 9. US-Armee, General Moore, geführt. General von Edelsheim unterbreitete das deutsche Kapitulationsangebot.

Die amerikanische Seite stimmte der Kapitulation nur unter folgenden Bedingungen zu:

1. Der Bau einer Elbbrücke oder der Ausbau der stark beschädigten Elbbrücke bei Tangermünde zur Erleichterung des Flussübergangs und Mitführung von Fahrzeugen wurde der 12. Armee abgelehnt. Die weitere Benutzung der beschädigten Elbbrücke (Tangermünde) im Fußgänger-Einzelverkehr wurde genehmigt. Fährverkehr über die Elbe für die sich in Kriegsgefangenschaft begebenden Soldaten wurde bei Schönhausen, Tangermünde und Ferchland genehmigt.
2. Übernahme der Verwundeten wurde unter Mitgabe von Sanitätspersonal und Material genehmigt. Übergang über die Elbe von Privatpersonen jeder Art wurde verboten.
3. Materielle oder personelle Unterstützung durch die Amerikaner beim Flussübergang wurde abgelehnt unter Hinweis auf das russische Bündnis und mit dem Bemerken, dass das amerikanische Hoheitsgebiet erst am Westufer der Elbe beginne.[52]

Zu einer Tragödie gestaltete sich der Übergang der zivilen Flüchtlinge über die Elbe, den die US-Truppen massiv behinderten. Alle Bemühungen, die Verweigerung von Zivilpersonen zurückzunehmen, wurde ohne Angabe von Gründen vom Stabschef der 9. US-Armee, General Moore, abgelehnt. General von Edelsheim resignierender Kommentar: „Es waren keine Verhandlungen, die ich führte. Wir hatten nichts zu bieten, um zu verhandeln."[53]

Die Amerikaner waren von Wencks Vorhaben nicht begeistert. Die Sowjetunion war ihr Verbündeter, und Gefangene hatten sie selber genug.

Wenck und seine Leute wollen es trotzdem versuchen, die Flüchtlinge bei Dunkelheit in der Nacht über die Elbe zu bringen.

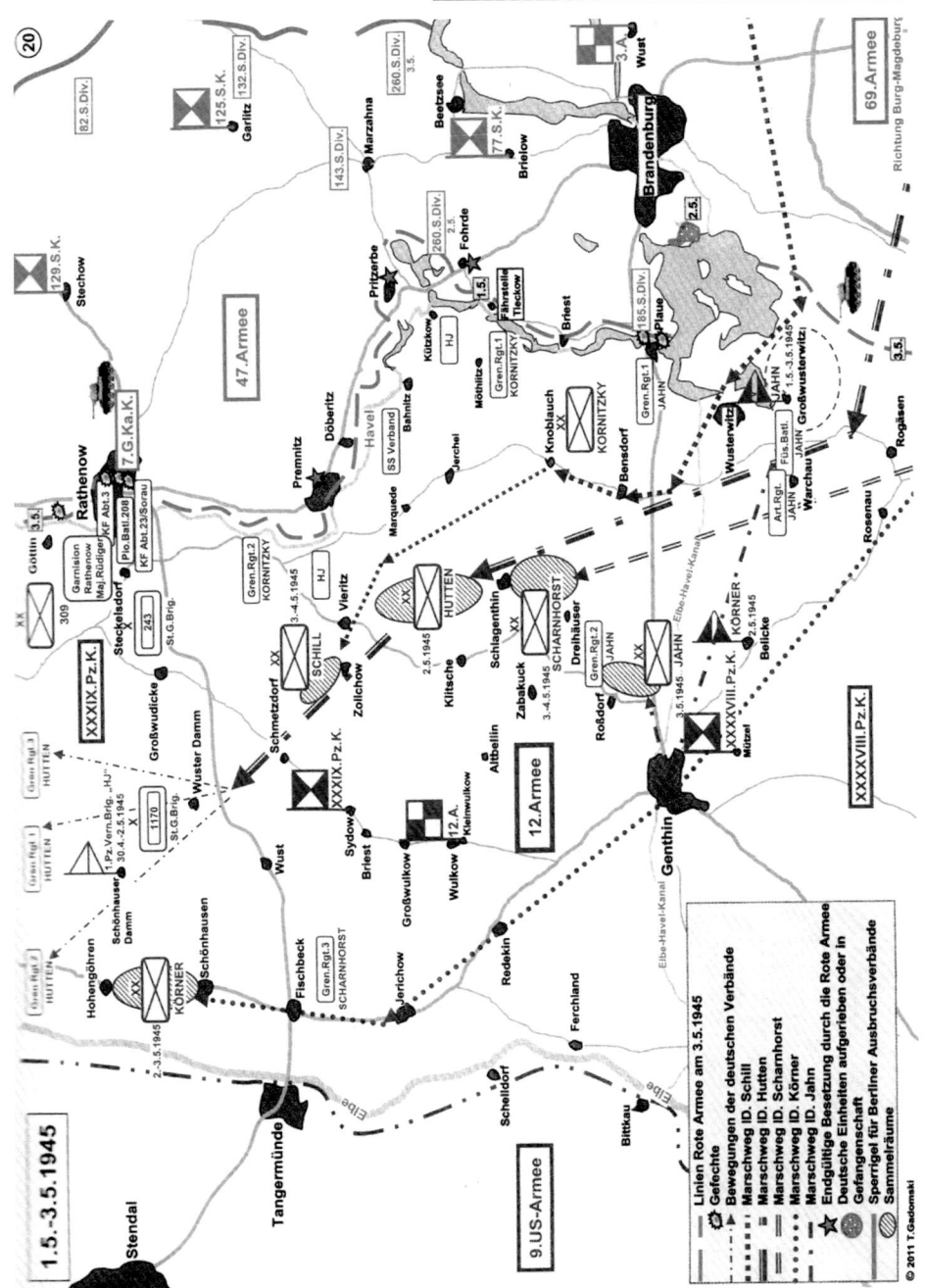

Lageplan vom 1.5.–3.5.1945. Division „Hutten" im Abwehrkampf.
(aus „19 Tage Krieg" von Henrik Schulze)

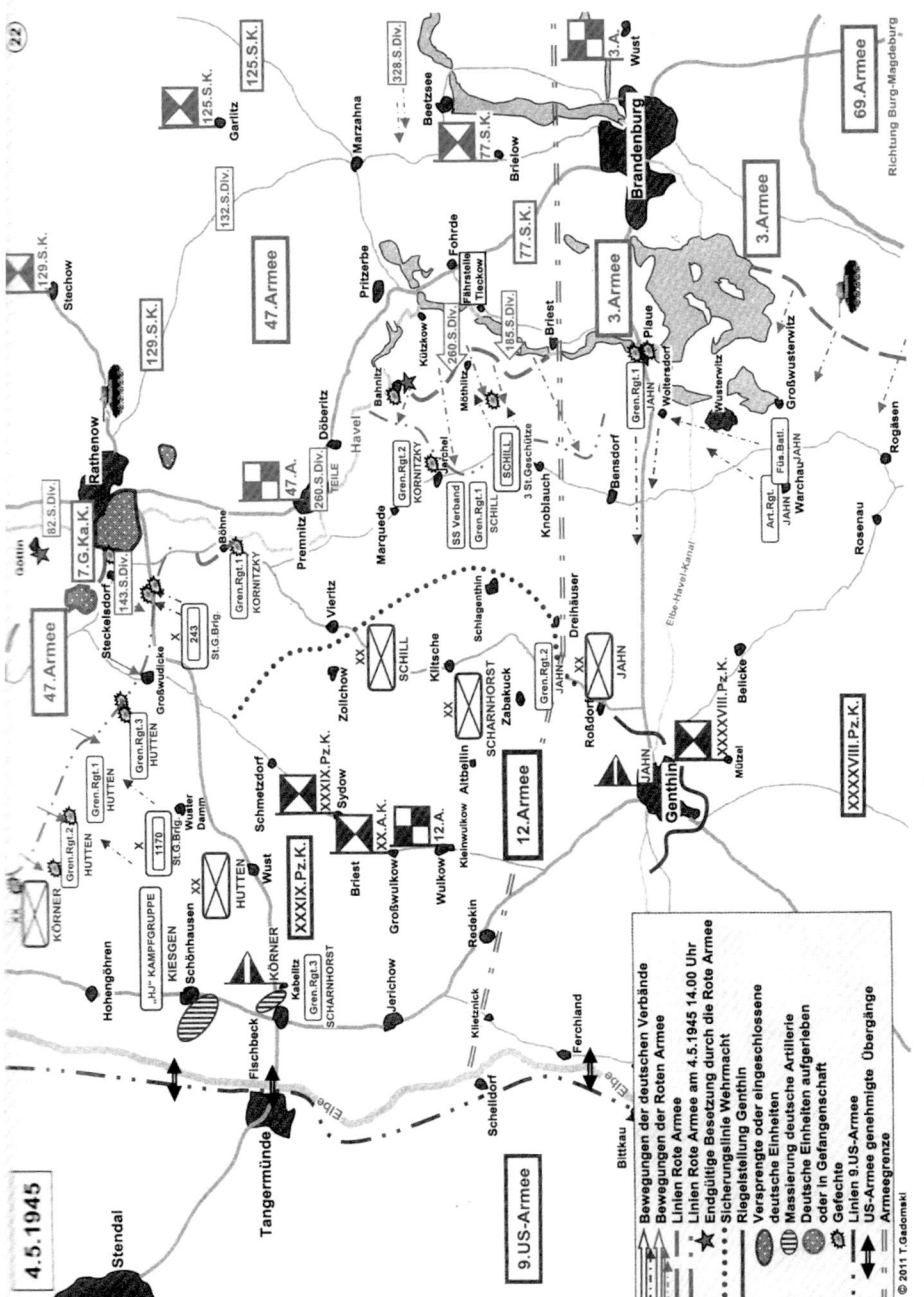

Lagekarte vom 4.5.1945 im Brückenkopf Tangermünde durch die Division „Hutten".
(aus „19 Tage Krieg" von Henrik Schulze)

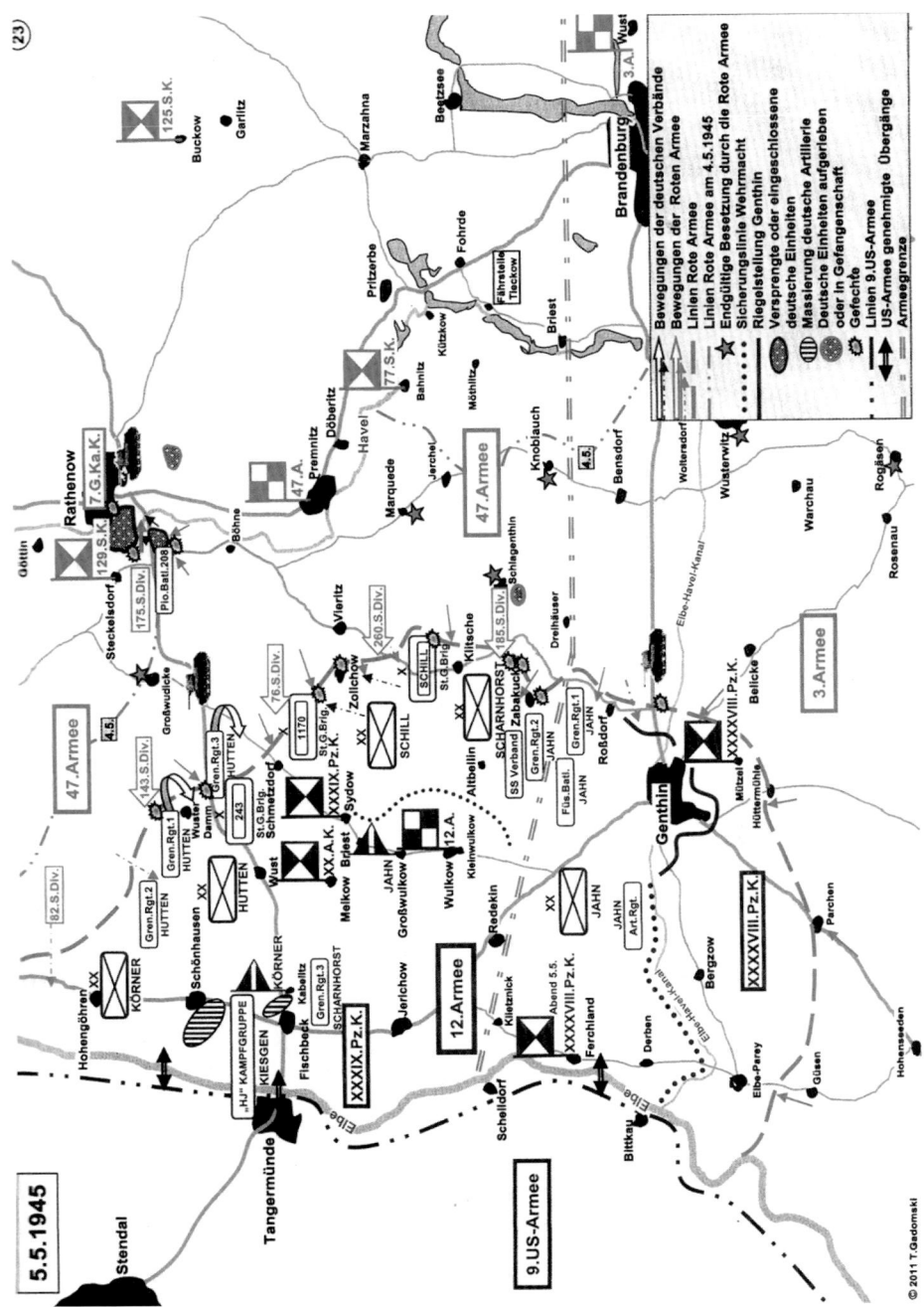

Lagekarte vom 5.5.1945. Einsatz der Regimenter der Division „Hutten" bei Schmetzdorf. (aus „19 Tage Krieg" von Henrik Schulze)

Ein amerikanisches Plakat an der Übergangsstelle Tanger-
münde zur Begrüßung deutscher Soldaten.

Während am 4. Mai in Stendal die Kapitulation ausgehandelt wurde, stemmten sich die kampfkräftigen Verbände der 12. Armee den nachdrängenden Russen entgegen. Die Nachhut des XX. Armeekorps stellte nach wie vor die Division „Ulrich von Hutten".

Über den Rückzug zur Elbe berichtet Generalleutnant Engel: „Zwei meiner Regimenter stehen am Morgen des 4. Mai in der befohlenen Aufnahmestellung südlich von Plaue. Zur gleichen Zeit löst sich das noch weiter ostwärts stehende dritte Regiment vom Feind. Die Russen bemerken nichts. Wir haben den Eindruck, dass er umgruppiert, denn die vorangegangenen Kämpfe, vor allem an der Südflanke, waren für ihn äußerst verlustreich. Begünstigt durch die Waldgebiete zwischen Lehnin und Grosswusterwitz, verschleiert durch starken Munitionseinsatz der schweren Waffen des Nachhut-Regiments, gelingt das Lösen vom Feind ohne Schwierigkeiten. Nachsicherungen wehren Einzelangriffe der Russen ab, die jedoch kraftloser sind als in den Vortagen. Dann nehmen bereitgestellte bunt zusammengewürfelte Kolonnen aller Autotypen die Nachhuten auf und fahren sie zurück. Die weiträumige Absetzbewegung ist damit gelungen. So erreicht im Laufe des 4. Mai mein Nachhut-Regiment ohne Verluste den ihm zugewiesenen Abschnitt im großen Brückenkopf Tangermünde, wo es am Morgen des 5. Mai bereits wieder voll abwehrbereit ist.[54]

Im Laufe des 4. Mai machten deutsche Pioniere am Elbufer die Übersetzmittel fertig. Die Brücke war am 12. April 1945 um 12.45 Uhr gesprengt worden. Trotzdem war die zerstörte Brücke ein wichtiger Übergang zur Flucht nach Westen. Deutsche Pioniere hatten auf der gesprengten Brücke auch einen wackligen Übergang für Fußgänger errichtet. Die ersten Verwundeten mit dem dazugehörenden Sanitätspersonal wurden über die Elbe gebracht.

Am 4. Mai 1945 hatte Generalleutnant Engel an der Brückenstelle bei Tangermünde das erste Zusammentreffen mit amerikanischen Soldaten. Engel berichtet dazu in seiner Studie: „Der in Gang gekommene Abfluss stockt. Ver-

Deutsche Soldaten überqueren 1945 die Elbe bei Tangermünde. Fotografie Sammlung Schwertfeger

wundete und Kranke werden nicht mehr befördert. Ich will selbst nach dem Rechten sehen und stelle fest, dass bereits russische Artillerie, wenn auch vereinzelt, die Uferbezirke ostwärts der Elbe beschießt. Dennoch arbeiten unsere Pioniere unentwegt am Bau von Übersetzmittel. Ich frage einen amerikanischen Kommandeur, warum er nicht mit seinen gepanzerten Fahrzeugen, die wartend am anderen Elbufer stehen, übersetze und auf Berlin marschiere. Resigniert, mit dem Ausdruck des Bedauerns sieht mich mein Gegenüber an und sagt: „Sorry, sorry, General, it's forbidden!"

General Engel wusste zu dieser Stunde nicht, weshalb die Amerikaner tatenlos an der Elbe stehengeblieben waren und zusahen, wie die sowjetischen Armeen immer weiter nach Westen marschierten. Er wusste nichts von den Entscheidungen einer Konferenz in Jalta, in der die Aufteilung Deutschlands zwischen der Sowjetunion und den westlichen Alliierten entschieden worden war.

In den frühen Morgenstunden des 5. Mai begann das Übersetzen der deutschen Verbände. Am Elbufer eine fast unübersehbare Menschenansammlung. Über die gesprengte Elbbrücke bewegt sich eine endlose Reihe von Soldaten in Richtung West. General von Edelsheim blieb in Tangermünde, um den Ablauf zu kontrollieren. Am 5. Mai stand die Division „Hutten" bei Schmetzdorf und Wuster Damm.

Deutsche Soldaten überqueren 1945 die Elbe bei Tangermünde. Fotografie Sammlung Schwertfeger

Der Brückenkopf Tangermünde hielt allen russischen Vorstößen stand, an keiner Stelle konnten sie einbrechen.

Auf dem Friedhof in Wust wurden von der Division „Hutten" beigesetzt:

    Preuss, Max, Uffz., gefallen am 4.5.1945

    Stolz, gefallen am 4.5.1945, im Grab mit Preuss

In der Nacht zum 6. Mai wurde der Brückenkopf verkleinert. Er hatte noch eine Breite von 20 km und eine Tiefe von 10 km.

Um die Mittagszeit des 7. Mai 1945 beschoss russische Feldartillerie mit Granaten die deutschen Übergangsstellen. Als auch Granaten auf dem Westufer der Elbe einschlugen, jagen die dort postierten amerikanischen Panzer einige Salven zu den Russen hinüber. Obwohl die Amerikaner auch rote Leuchtsignale abschossen, um ihre Stellungen am Westufer kenntlich zu machen, nahmen die sowjetischen Soldaten die Signale ihrer Verbündeten nicht wahr oder ignorierten sie. Drei Amerikaner wurden verwundet und einer getötet, als Granaten in einem Haus in Tangermünde in der Nähe der Brücke einschlugen.[55]

Die 9. US-Armee befahl ihren Einheiten danach das Absetzen von der Elbe an den von russischem Artilleriefeuer gefährdeten Stellen. Das merkten die Deutschen bald, und dann jagten Sturmboote und Fähren dicht besetzt mit Soldaten und

Flüchtlingen über die Elbe.

Am 6. Mai war in Fischbeck eine zwei Meter breite Notbrücke fertiggestellt. Drüben wurden die deutschen Soldaten geordnet in die Gefangenschaft weitergeleitet. Bis zum Abend des 6. Mai wurde der Zusammenhalt des Brückenkopfes gewahrt, aber die Munition ging zu Ende. General Wenck befahl den Kommandeuren der Übergänge, das Übersetzen zu beschleunigen und bis zum Morgen des 7. Mai abzuschließen, um danach die Übergänge für die noch haltenden Kampftruppen freizuhalten.[56]

Denkmal in Fischbeck für 20 deutsche tote Soldaten.

Als der 7. Mai 1945 anbrach, berannten russische Einheiten den Ort Wust. Etwas weiter nördlich hielt ein Bataillon der Division „Hutten" die angreifenden russischen T 34 mit Begleitinfanterie auf.

Am Morgen des 7. Mai gingen Zug um Zug die Kampfgruppen über die Elbe. In einer Ufermulde vor der Tangermünder Elbbrücke verabschiedete Generalleutnant Engel die Reste der Division „Hutten".

Engel wurde im Dezember 1947 aus amerikanischer Gefangenschaft entlassen. Nach seiner Entlassung wurde er Geschäftsführer einer Zuckerfabrik in Nörvenich und danach einer Werkzeugmaschinenfabrik in Düsseldorf. Er starb im Alter von 70 Jahren am 9. Dezember 1976 in Düsseldorf.

Am Mittag des gleichen Tages wurde die Abwehrfront der 12. deutschen Armee bei Jerichow und Schönhausen durchbrochen. Es hielten noch enge Brückenköpfe in Ferchland um Fischbeck und nördlich Schönhausen.

Am Abend des 7. Mai hatte die Masse der 12. Armee den Elbübergang nach Westen beendet und die Kapitulation durchgeführt. Wenck ging am 7. Mai um 17.00 Uhr mit seinem Stabschef und einigen Offizieren bei Ferchland unter russischem Beschuss auf die westliche Seite des Flusses und begab sich in amerikanische Gefangenschaft. Vor dem Übersetzen ließ Wenck alle schriftlichen Unterlagen der Armee verbrennen, so dass die Forschung nur mündliche Aussagen von Zeitzeugen oder zentrale Dokumente des Wehrmachtsführungsstabes im OKW bearbeiten konnte. Der Gefechtsstand von Wenck lag vom 30. April bis 5. Mai im Dorf Klein-Wulkow und vom 6. bis 7. Mai im Dorf Klietznick.

Noch am 8. Mai wurden von den US-Truppen Teile der 12. Armee an die Sowjets ausgeliefert, was dem Inhalt der Kapitulationsverhandlungen und dem Inhalt der Stendaler Abmachungen widersprach. Die Ursachen dafür sind nicht bekannt und auch nicht in den Akten der 9. US-Armee oder der 102. US-Infanterie-Division dokumentiert. Es handelt sich um Gefangene, die bei Grieben und Schelldorf lagerten. Es ist anzunehmen, dass sich Amerikaner und Sowjets vorher über die Auslieferung einer bestimmten Zahl von deutschen Soldaten geeinigt hatten.

Als bei Tangermünde sowjetische Kommandeure die Auslieferung der an das amerikanische Flussufer geflüchteten deutschen Soldaten forderten, wurden annähernd 10.000 deutsche Kriegsgefangene an die Russen ausgeliefert. Trotz Umstellung mit amerikanischen Schützenpanzern kam es bei der Ankündigung der Auslieferung zu Ausbruchsversuchen und zu Selbstmorden. Bei den deutschen Ausbruchsversuchen wurde von Seiten der US-Truppen geschossen, es gab Tote und Verletzte. Eine Begründung auf Nachfragen von General von Edelsheim gaben die Amerikaner nicht.

Von der Division „Hutten" erfolgten keine Auslieferungen an die Rote Armee. Es wurden Teile der Division „Schill", der Korpsgruppe Raegener, der Sturmgeschützbrigade 243, der Stabsbatterie der Sturmgeschützbrigade 1170, einige Männer aus der 541. Volksgrenadier-Division aus der 9. Armee, wahrscheinlich auch Angehörige des XXXXVIII. Panzer-Korps sowie alle Flak- und Nachrichtenhelferinnen von den Amerikanern der Roten Armee ausgeliefert. Die genaue Zahl der ausgelieferten deutschen Soldaten ist nicht bekannt. Nur wenigen gelang die Flucht. Erst nach zehnjähriger harter und entbehrungsreicher sowjetischer Kriegsgefangenschaft, im Oktober 1955, schlug auch für die letzten deutschen Kriegsgefangenen die Stunde der Heimkehr in die Heimat (Spätheimkehrer), die der Bundeskanzler Konrad Adenauer nach dramatischen Verhandlungen anlässlich seines historischen Moskaubesuches erwirkt hatte.

Die Mehrheit der Soldaten der 12. Armee wurde bereits nach wenigen Tagen aus den Sammellagern um Tangermünde und Stendal, meist per LKW, in Richtung Westen gebracht. Die zahlreichen Verwundeten wurden von deutschen und amerikanischen Sanitätseinheiten versorgt. Die Gefangenen wurden auf die Sammellager für deutsche Kriegsgefangene auf den Rheinwiesen verteilt und vom Sommer 1945 an in Arbeitslager in westeuropäischen Ländern gebracht.

Dietrich Frömsdorf gehörte zum 3. Regiment der Division „Hutten". Er schreibt: „Wir sind der Meinung, dass wir am 8. Mai in Gefangenschaft gingen. Dagegen erfuhren wir im Gefangenenlager Gardelegen, dass wir nicht Kriegsgefangene waren, sondern 'entwaffnete Deutsche'. Wir unterstanden nicht dem internationalen Recht und brauchten nicht verpflegt zu werden. Die Behandlung war entsprechend. Einen Liter Reissuppe (drei Körnchen und eine Rosine), mittags Dörrgemüse, pro Mann einen Liter, abends 18 Mann ein Brot."[57]

Die blutigen Verluste der Division „Hutten" lassen sich nicht exakt beziffern. Es fehlt offenkundig infolge der Turbulenz jener letzten Kriegswochen an Unterlagen, insbesondere an erhalten gebliebenen Verlustlisten, soweit solche überhaupt geführt worden sind. Wo von Verlusten oder schweren Verlusten berichtet wird, werden Zahlen so gut wie nicht genannt, und wenn doch, so beziehen sie sich auf einzelne Gefechtshandlungen, wo die Division selbstständig im Einsatz war. Es war bestimmt nicht „ehrenvoll", so kurz vor dem Ende des Dritten Reiches für eine längst verlorene Sache, geopfert zu werden. Unter ihnen waren noch ganz junge Männer und Knaben, die aus der Schule oder Lehre herausgerissen wurden, die als letztes Aufgebot eines verbrecherischen Regimes, unzureichend ausgebildet, an die Front geworfen wurden, um dort noch sinnlos verheizt zu werden.

Noch immer mischen sich bei diesen Gedanken die Trauer und der Zorn um die Gefallenen. Nicht auf diejenigen, die sie im Kampf töteten, denn auch sie wurden Opfer, der Zorn richtet sich auf jene, die den Krieg vom Zaune brachen und ihn noch rücksichtsloser fortsetzten, als er schon längst verloren war. Die Kreuze auf den Gräbern der Toten sollen als sichtbare und immerwährende Mahnung an die Lebenden, den Frieden zu wahren, damit sich eine solche Menschheitskatastrophe nie mehr wiederholt. Verbirgt sich doch hinter jedem der vielen Namen das Schicksal eines Menschen, der auf seine Weise für andere unersetzlich wichtig und wertvoll war, sowie nicht zuletzt das Leid derer, die vergeblich auf seine Heimkehr warteten.

Nach Angaben von Herrn Rohr aus Genthin sind bei den Kämpfen bis 8. Mai 1945 mit der Sowjetischen Armee bei Tangermünde und Umgebung gefallen:

Havelberg	am 2.5.45	120 deutsche Soldaten
Sandau/Elbe	am 3.5.45	31 deutsche Soldaten
Wust	am 5. und 6.5.45	64 deutsche Soldaten
Hohengöhren	am 6.5.45	34 deutsche Soldaten
Fischbeck und Kabelitz	am 7.5.45	69 deutsche Soldaten
Ferchland	am 7.5.45	146 deutsche Soldaten
Klietz	am 7.5.45	50 deutsche Soldaten
Redekin	am 7.5.45	28 deutsche Soldaten
Schönhausen	am 7.5.45	96 deutsche Soldaten

Das Kriegsende im Mai 1945

Als die Rote Armee in der Schlacht um Berlin schon im Stadtzentrum stand, beging Hitler am Nachmittag des 30. April Selbstmord. Der Tod Hitlers bildete das schaurige Ende des Dritten Reichs. Zu seinem Nachfolger hatte er Großadmiral Karl Dönitz bestimmt. Am 1. Mai gab Großadmiral Dönitz den Tod Hitlers über Rundfunk bekannt. Im Kriegstagebuch des Oberkommandos der Wehrmacht 1944–1945 heißt es unter 2. Mai 1945: „An der Spitze der heldenmütigen Verteidiger der Reichshauptstadt ist der Führer gefallen. Von dem Willen beseelt, sein Volk und Europa vor der Vernichtung durch den Bolschewismus zu retten, hat er sein Leben geopfert."[58] Aufgrund der vollkommen aussichtslosen militärischen Situation für Deutschland beabsichtigte Dönitz eine Teilkapitulation gegenüber den Westmächten und hoffte, die Westmächte würden sich mit Deutschland gegen die Sowjetunion verbünden.

Am 7. Mai 1945 unterzeichnete Jodl im Namen des deutschen Oberkommandos die Gesamtkapitulation aller deutschen Streitkräfte im Alliierten Hauptquartier in Reims. Auf Drängen der Sowjetunion wurde die Zeremonie der Kapitulation nochmals im sowjetischen Hauptquartier in Berlin-Karlshorst wiederholt. Die Urkunde wurde auf den 8. Mai 1945 datiert. Die bedingungslose Kapitulation trat für alle Fronten am 8. Mai 1945 um 23.01 Uhr mitteleuropäischer Zeit in Kraft.

Damit war der Zweite Weltkrieg in Europa beendet. Die deutsche Staats- und Wirtschaftsführung räumte mit der bedingungslosen Kapitulation den alliierten Siegermächten das Recht ein, alle politischen, militärischen und gesellschaftlichen Angelegenheiten des Deutschen Reiches zu regeln.

Der Tag der Kapitulation Deutschlands wird zu Recht auch als Tag der Befreiung vom Nazi-Terror angesehen. Mit der militärischen Niederlage hatte das Dritte Reich aufgehört zu bestehen.

Jede Phantasie übersteigend ist der Gesamtverlust an materiellen und kulturellen Werten jeder Art. Nach dem großen Leid wünschten und sehnten sich alle Menschen nach Frieden. Nur durch Erinnern, Gedenken und Nachdenken wird Geschichte erfahrbar und bildet so eine Grundlage für eine friedlichere Zukunft. Das ist die Mahnung, die von den Kriegsgräbern ausgeht.

Anmerkungen

[1] Mathias Tullner, S. 9
[2] Günter W. Gellermann, S. 29
[3] Infanterie-Divisionen der 35. Welle 1945 – Bad Nauhein, S. 195 ff.
[4] Günter W. Gellermann, S. 241f.
[5] Ebd.
[6] http://www.lexikon-der-wehrmacht.de/Gliederungen/ArtReg/ARUvHutten-R.htm, 24.2.2016
[7] Jürgen Möller, S. 31
[8] Franz Kurowski, Armee Wenck, S. 87 und 90
[9] Günter W. Gellermann, S. 39/40
[10] Jürgen Möller, S. 31
[11] Ebd., S. 32
[12] Mathias Tullner, S. 10–11
[13] Günter W. Gellermann, S. 30
[14] Franz Kurowski, Hitlers letzte Bastionen, S. 203
[15] Horst Kaczmarek, S. 31
[16] Jürgen Möller, S. 132
[17] Ebd., S. 134
[18] Horst Kaczmarek, S. 55
[19] Bericht aus Privat-Archiv S. Wolter
[20] Horst Kaczmarek, S. 32
[21] Ebd., S. 32/33
[22] B. Hübner, 71 Tage im Jahr 1945, S. 64
[23] Jürgen Möller, S. 164-196
[24] „Der Spiegel", Nr. 5 vom 31.1.2005, S. 54
[25] Maximilian von Edelsheim, S.
[26] GEO EPOCHE Nr. 17/2005, S. 39
[27] Günter W. Gellermann, S. 79/80
[28] Gottfried Herrmann, S. 111
[29] Ebd., S. 111, 126, 132
[30] Ebd., S. 113
[31] Franz Kurowski, Armee Wenck, S. 60
[32] Ebd., S. 172
[33] Mathias Tullner, S. 18–19
[34] Wilhelm Tieke, S. 327–328
[35] Ebd., S. 328
[36] Ebd., S. 328–329
[37] Bericht von Hans-Dietrich Nicolaisen

[38] Wilhelm Tieke, S. 329–330

[39] Tony le Tissier, S. 175

[40] Günter Führing, Endkampf an der Ostfront, S. 142

[41] Wehrmachtsberichte von Percy E. Schramm, S. 1.273

[42] Christian Gizewski, Initiative für eine Erinnerungsstätte in der Region Ferch (Brandenburg), S. 6

[43] Nach Angaben von Horst Kaczmarek aus Dessau

[44] Kriegstagebuch Belzig in „Das Glockenläuten ist einzustellen ..."

[45] Günter w. Gellermann, S.102

[46] Henrik Schulze, S. 365 und 400

[47] Ebd., S. 402

[48] Privat-Archiv S. Wolter

[49] Winston S. Churchill, S. 1051

[50] Wilhelm Tieke, S. 505

[51] Ebd., S. 505

[52] Ebd., S. 485–486

[53] Magdeburger Volksstimme vom 23. April 2005

[54] Wilhelm Tieke, S. 486

[55] Quelle Dokument: National-Archiv Washington

[56] Wilhelm Tieke, S. 490

[57] Henrik Schulze, S. 404

[58] Wehrmachtsberichte von Percy E. Schramm, S. 1470

Grenadier-Division „Theodor Körner"

Aufstellung der Division

Ende März, Anfang April 1945 wurde nach der Räumung von Gotenhafen die 215. Infanterie-Division aufgelöst. Auf Befehl des OKW waren in der Nacht zum Ostersonntag 1945 aus der 215. Infanterie-Division der Kommandeur Generalleutnant Frankewitz und 67 Unteroffiziere und Mannschaften des Divisionsstabes herausgezogen worden. Die Division stand in Gotenhafen in schweren Abwehrkämpfen und war von den Sowjets auf der Landfront bereits eingeschlossen. Diese 67 Mann und ihr Kommandeur wurden von Öxhöft nach Hela übergesetzt und von dort im Schiffstransport nach Swinemünde verlegt.

Generalleutnant Frankewitz und der Divisionsstab der 215. ID. stellten ab 7. April 1945 in Döberitz bei Berlin die Grenadier-Division „Theodor Körner" auf. Die grundlegenden Aufstellungsbefehle ergingen am 4. und 7. April 1945. In den Tagen vom 12. bis 17. April begann die Arbeit mit der Zusammenstellung und Ausbildung. Die Division wurde aus blutjungen RAD-Männern, Unterführern des RAD, Oberfähnrichen der Kriegsschule Metz und dem letzten Stamm des Infanterie-Lehrregiments Döberitz zusammengestellt. Hinzu kamen noch Mannschaften aus Sammelstellen, Genesende, Urlauber, die ihre Truppenteile nicht mehr erreichen konnten. Die Bewaffnung war erstaunlicherweise gut mit fabrikneuen Infanterie-Waffen. Leider waren die Geschütze nicht einmal justiert. Die jungen RAD-Männer hatten so gut wie keinerlei militärische Ausbildung, die jungen Artilleristen waren nur an der RAD-Flak ausgebildet. Von den jugendlichen Arbeitsmännern, von denen einige am Anfang vielleicht noch an ein Abenteuer glaubten, bis nach den ersten toten Kameraden auch dem Letzten der Ernst der Lage klar wurde. Am 15. April 1945 erhielt Generalleutnant Bruno Frankewitz von Hitler im Berliner Bunker persönlich der Befehl, die Infanterie-Division „Theodor Körner" aufzustellen. Den Verband hat er bis zur Kapitulation geführt.

Mit Befehl vom 9. April 1945 wurde der Division der Name „Theodor Körner" verliehen. Gleichzeitig wurde befohlen, dass die Bezeichnungen der Regimenter 1, 2 und 3 zu lauten hatten. Das Pionier-Bataillon mit zwei Kompanien wurde aus dem Pionier-Ausbildungs-Bataillon 892 gebildet. Die Vereidigung erfolgte am 17. April. Der Soldat A.L. aus Welsickendorf, der in jene militärische Einheit eingereiht war, hat in einem Bericht die Vereidigung des 1. Bataillons des 3. Regiments beschrieben. Darin heißt es: „17. April 1945. Das Bataillon wird in eindrucksvoller Weise von Hauptmann Sulger vereidigt und anschließend die gesamte Führerschaft des Bataillons von ihm nochmals auf die schwere und verantwortungsvolle Aufgabe der nächsten Zeit hingewiesen, die nur gemeistert werden könne, wenn jeder seine Pflicht immer erfüllt und die Aufgabe über das eigene Leben stellt."[1]

Die Division stand unter dem Befehl der 12. Armee und war am Durchbruch nach Berlin beteiligt, um die dortige Besatzung zu befreien. Die Arbeitsmänner kämpften in RAD-Uniformen. Haupteinsätze der Division waren die Beelitz-Heilstätten, der Autobahnpunkt Treuenbrietzen und die Eisenbahnbrücke bei Stendal.

Im Raum Niemegk nahm die Division Tausende von flüchtenden Zivilpersonen auf, kämpfte Anfang Mai im Raum Hohengöhren-Schönhausen und ging am 6. Mai 1945 bei Tangermünde über die Elbe in amerikanische Gefangenschaft.

Bruno Frankewitz

Stellenbesetzungsplan der Infanterie-Division „Theodor Körner"

Divisionskommandeur	Generalleutnant Bruno Frankewitz
I a	Major i.G. Friedrich Wilhelmvon Graevenitz
I b	Major i.G. Günter Scheele
I c	Hauptmann Walter Speer
II a	Hauptmann d.R. Ernst Nietzer
NSFO	Hauptmann d.R. Wolpert

Grenadier-Regiment 1	
Kommandeur	Major Karl Bieg
I. Bataillon	Hauptmann d.R. Niederfeilner
II. Bataillon	Hauptmann Jordan Sauter

Grenadier-Regiment 2	
Kommandeur	Major d.R. Hanns Becker
I. Bataillon	Major Schwing
II. Bataillon	Hauptmann Danisch

Grenadier-Regiment 3	
Kommandeur	Major d.R. Werner Menzel
I. Bataillon	Hauptmann d.R. Sulger

Karl Bieg, Kommandeur beim
Grenadierregiment 1

Hans Becker, Kommandeur beim
Grenadierregiment 2

Ord. Offizier	Oberfeldmeister Meyerhöfer
1. Kompanie	Leutnant Watz(e)nauer
2. Kompanie	Leutnant Milbratt
3. Kompanie	Oberfeldmeister Weber
4. Kompanie	Oberleutnant Meyhack

Als Zugführer treten zu den Kompanien:

Leutnant Grosse und
Leutnant Wilfahrt.
Oberfeldmeister Heyderich und Schilling.

2. Bataillon	Hauptmann Ziemer

Artillerie-Regiment
Kommandeur	Major Sandner
Schwere Abt. (aus V./	
Volksartilleriekorps 411)	
Nachrichten-Abteilung	Hauptmann Jobst Merttiny
Jäger-Bataillon	Hauptmann Salinger
Pionier-Bataillon	Hauptmann Hermann-Christian Thomasius
	Hauptmann d.R. Fischer[2]

Wie das auf unterer Ebene aussah, schildert Hauptmann Thomasius, der den Auftrag erhielt, im Rahmen des Aufbaus dieser Division ein Bataillon aufzustellen. Er schrieb: „Ich komme von der Fahnenjunkerschule für Infanterie 6 in Schwerin Anfang April nach Döberitz. Dort bekam ich den Befehl zur Neuaufstellung einer Infanterie-Division. Es handelte sich um die Infanterie-Division 'Theodor Körner', die zur 12. Armee Wenck gehörte. Ich sollte in dieser Division die Führung eines Bataillons übernehmen.

Die Soldaten dieser Division waren 17 bis 18 Jahre alt und kamen aus dem Reichsarbeitsdienst (RAD). Außer der Ausbildung an den 2-cm-Flak-Geschützen hatten die Jungs keine infanteristische Gefechtsausbildung gehabt. Bei der Rekrutierung meines Unteroffiziers-Korps hatte ich großes Glück. Auf dem Kasernenhof in Döberitz sah ich plötzlich Unteroffiziere und Feldwebel, die als Offiziers-Anwärter bei mir in der 6. Inspektion in Schwerin gestanden hatten.

Aus diesem plötzlich auftretenden Kreis von Unterführern holte ich mir das gesamte Unteroffiziers-Korps für mein gesamtes Bataillon heraus. Diese Auswahl wurde später sehr belohnt, da ich im Gefechtseinsatz mit der Standfestigkeit meiner 'ehemaligen Fahnenjunker' voll rechnen konnte. Als Offiziere wurden junge einsatzbereite Leutnants für die Kompanie-Führung zugeteilt. Somit hatte das Führungskorps des Bataillons rein militärisch ausgebildete Organe.

Am 21. April rücke ich mit meinem Bataillon und einer Abteilung Artillerie unserer Division aus Döberitz in Richtung Brandenburg/Havel ab. Die vorgesehene Verladung per Bahn war nicht mehr durchführbar, da russische Bomber den Bahnhof Döberitz verladeunfähig gemacht hatten. In Brandenburg selbst wird auf meine Bitte hin das Bataillon in ein Kampfbataillon umgewandelt und trägt den Namen 'Jäger-Bataillon Theodor Körner'. Wir sind unserem Divisionskommandeur General-Leutnant Frankewitz direkt unterstellt. In Brandenburg erreicht uns der Befehl, sofort in Richtung Treuenbrietzen vorzustoßen."[3]

Hauptmann Sauter, zuletzt Taktiklehrer an der Kriegsschule Metz, beschreibt seinen Einsatz als Kommandeur bei der Division „Theodor Körner": „Am 11. April meldete ich mich bei Generalleutnant Frankewitz in Elzgrund bei Döberitz. Generalleutnant Frankewitz beauftragte mich, das 2. Bataillon des Grenadierregiments 1 zu übernehmen.

In den Tagen vom 12. bis 17. April begann die Arbeit mit der Zusammenstellung und Ausbildung der jungen Truppe. Die Mannschaften und fast alle Unterführer und Führer kommen aus dem Reichsarbeitsdienst. Die Arbeitssoldaten, ihre Unterführer und Führer behielten ihre Arbeitsdienstuniformen. Die Schützenkompanien werden mit den modernsten leichten Infanteriewaffen ausgestattet. Aber es fehlt an erfahrenen Offizieren und Unteroffizieren. Als Bataillonskommandeur muss ich mich um die Ausbildung jedes einzelnen Mannes kümmern. Die jungen

Leute sind mit Eifer und Hingabe bei der Sache und erlernen in den wenigen Aus-
bildungstagen die allernotwendigsten Kenntnisse im Umgang mit der Waffe und
die Anfangsgründe der Gefechtsausbildung."[3]

Der erste vorgesehene Kampfeinsatz

Für das AOK 12 stellte der amerikanische Brückenkopf bei Barby nach wie vor
eine ernsthafte Bedrohung dar, die nur durch einen erfolgreichen Angriff zu besei-
tigen war. Die Vorbereitungen hierfür liefen bis zum 16. April. Am frühen Morgen
des 17. April sollten die Division „Scharnhorst" und die Sturmgeschütz-Brigade
1170 den amerikanischen Brückenkopf Barby angreifen. Aber der Angriff drang
nicht durch.

Das AOK 12 beschloss, zur endgültigen Bereinigung des amerikanischen Brückenkopfes zwei Divisionen einzusetzen. Neben der Division „Scharnhorst" sollte
die in Döberitz in der Aufstellung begriffene Division „Theodor Körner" herange-
zogen und eingesetzt werden. Da diese Division frühestens am 20. April zur Verfügung stand, wurde der Angriff auf den 22. April 1945 verschoben.

Das Grenadier-Regiment 3 der Division „Theodor Körner"

Hauptmann Sulger vom 3. Regiment, 1. Bataillon über den Einsatz seiner Einheit:
„Das Regiment, das in Döberitz/Elsgrund aufgestellt worden ist, hat noch eine Ver-
ladeübung durchgeführt. Anschließend hieß es: 'Ausbildung einstellen. Abrücken
mit ersten Teilen bereits 11 Uhr. Abmarschbereitschaft herstellen.' Am 19. April
um 20.45 Uhr fährt ein Zug mit dem Bataillon ab Döberitz nach Brück. Ankunft in
Brück am 20. April gegen 3.00 Uhr. Von dort geht es am nächsten Tag zu Fuß weiter in Richtung Belzig. Ununterbrochene Tieffliegerangriffe zwingen die Truppe
ein Waldlager zu beziehen. Belzig wird nicht erreicht. Bei dem kleinen Ort Lüsse
begibt sich das Regiment in den Schutz eines dichten Kieferwaldes. Kein Mensch
kann sich auf der Straße oder einer freien Fläche blicken lassen. Die amerikanischen Flieger feuern auf jede Bewegung. Am Abend wird das Regiment in Brück
verladen und in westlicher Richtung abtransportiert. Südlich von Magdeburg bei
Barby haben die Amerikaner einen Brückenkopf über die Elbe gebildet, der die
Operationen der 12. Armee im Rücken bedroht. Der Brückenkopf soll von der
Division zunächst abgeriegelt und im Gegenangriff eingedrückt werden. Auf halben Wege zwischen Belzig und Zerbst wird das Regiment ausgeladen und bezieht
erneut ein Waldlager bei Reuden. Die Tätigkeit der amerikanischen Tiefflieger und

Jagdbomber hat derart zugenommen, dass jede Bewegung außerhalb der Deckung der Selbstvernichtung gleichkommt. So vergeht der 20. April in unnötigem Verharren unter dem pausenlosen Gedröhn der amerikanischen Flugzeugmotoren und den Abschüssen ihrer Bordwaffen.

Mit dem 21. April ändert sich schlagartig das Gesamtbild. Kein amerikanisches Flugzeug ist mehr am Himmel, keine Bordkanonen beschießen uns. Wir können uns unbehindert auf Straßen und freien Plätzen bewegen. Die gerade unheimliche Stille im Luftraum über uns wirkt noch bedrückender als der Lärm der vergangenen Tage.

Sonntag, 22. April. Tausenderlei Parolen und Gerüchte gehen um. Volle Zuversicht wird berichtet, dass der Krieg für Deutschland siegreich enden werde, denn der amerikanische Präsident Roosevelt sei tot und damit würden die Amerikaner nicht mehr gegen Deutschland kämpfen. Waffenstillstand mit dem Westen, amerikanische Panzer kämpfen mit uns gegen die Russen, der Westen liefert Brennstoff, Munition, Lebensmittel, wir sollen den Russen den letzten Stoß versetzen. Eine Welle der Begeisterung, des Mutes und neuer Hoffnung durchflutet uns alle. So machen wir Frontwechsel um 180 Grad und wenden Waffen und Herz nach dem Feind im Osten."[4]

J. Neumann-Parpert vom 2. Bataillon 3. Regiment berichtet: „Als Bataillonsführer bekommen wir Hauptmann Ziemer. Er trägt das Ritterkreuz mit Eichenlaub und Schwertern. Am 18. April am späten Nachmittag tritt das Bataillon im Olympischen Dorf an. Ziemer verlädt sein Reitpferd auf einen LKW, dahinter ist die Feldküche angehängt. Dann binden wir unsere Pak hinter einen Kraftwagen, und zusammen mit unserer Infanterie geht es los in Richtung Westen. Irgendwo hält der LKW, und wir müssen zu Fuß weiter. Am 20. April verbringen wir einen ganzen Tag wegen Feindflieger im Wald. Am nächsten Morgen überqueren wir die Bahnlinie Wiesenburg-Rosslau und kommen bis Hundeluft. Dort bringen wir unsere Pak in Stellung und lassen uns von einigen Bauernfrauen zum Frühstück einladen, frische Leberwurst, frisches Brot herrlich. Die Einwohner sind über unsere Stellung nicht gerade erfreut, so verlegen wir, gut getarnt in den Wald. Und pünktlich um 10 Uhr fangen wieder die amerikanischen 'Schießübungen' an. Diesmal haben sie es auf einen langen Güterzug abgesehen, der in einem Geländeabschnitt abgestellt ist. Den ganzen Tag ist Luftalarm. In der Nacht stellt der Ami Scheinwerfer in Richtung Himmel, der Krieg ist für ihn offenbar zu Ende, die Jabos bleiben zu Hause. Also Frieden? Am Abend kommt ein General zu Fuß, der Oberleutnant macht Meldung und verschwindet mit dem Melder im Dorf. Abends ist Abmarsch, in die selbe Richtung, wie wir gekommen sind. Der Krieg geht also weiter."[5]

Kehrtwendung nach Osten

Hauptmann Sulger berichtet weiter: „Gegenangriff auf Berlin. Nach einem schweren Nachtmarsch durch endlose Kiefernwälder bezieht unser Regiment eine Abwehrstellung bei Niemegk. Es soll die Front nach Osten und Südosten bei Niemegk den Aufmarsch einer Kampfgruppe seiner eigenen Division im Raum Niemegk etwa der Linie Hohenwerbig-Haseloff-Grabow mit seinem Bataillon sichern. Außer russisches Störfeuer und ein paar Spähtruppunternehmungen ereignet sich den Tag nichts Nennenswertes.

Das 1. Bataillon vom 3. Regiment, das am Vortag den Befehl erhalten hatte, die Linie Hohenwerbig-Haseloff-Grabow zu sichern, erreicht im Morgengrauen am 22. April die Stadt Niemegk. Der Bataillonsgefechtsstand wird in Haseloff eingerichtet und einzelne Kompanien haben folgende Stellungen zu beziehen:

1. Kompanie sichert den Raum Haseloff Straße nach Treuenbrietzen.
2. Kompanie sichert den Raum Hohenwerbig Straße nach Zeuden und Zixdorf
3. Kompanie sichert den Raum um Grabow gegen Niederwerbig und Haseloff
4. Kompanie erkundet Stellungen im Niemegker Raum Ziegelei.

Wir stehen an der Ostfront! Ein einziger Fußmarsch hat das Regiment von einer Front zur anderen geführt. Ein Grenadierregiment marschiert in einer Nacht durch das Restgebiet des deutschen Hoheitsbereiches."[6]

Die Kämpfe in und um Treuenbrietzen

Am 21. April erreichten die ersten sowjetischen Vorausabteilungen gegen 13.00 Uhr das Stadtgebiet Treuenbrietzen. Die Einheit bestand aus Panzern und Schützenpanzerwagen mit aufgesessener Infanterie. Die deutsche Wehrmacht war nicht im Ort, aber einige Leute der Waffen-SS. Mit einer Panzerfaust schossen sie auf den ersten Sowjetpanzer. Die SS-Leute entkamen, und die Sowjets zogen sich aus der Stadt zurück.

Die Behauptung, dass der 12. Armee SS-Einheiten unterstellt waren, entspricht nicht den Tatsachen. Woher die SS-Leute kamen, die ihre grausame Spur in Ritz, Treuenbrietzen, Nichel, Brachwitz und in anderen Orten hinterlassen hatten, konnte nicht ermittelt werden.[7]

Die Sowjets umgingen die Stadt und drangen am 21. April etwa gegen 17.00 Uhr erneut ein. Relativ kampflos gelangten sie in die Stadt. Der weitere Vorstoß mit Panzern sollte in nördliche Richtung nach Beelitz erfolgen. Nach Besetzung der Stadt durch die Rote Armee ereignete sich am Berliner Dreieck ein Vorfall, der als Auslöser der Erschießungen von Zivilisten in der Stadt hingestellt wurde. Als die ersten sowjetischen Panzer und Schützenpanzer aus Richtung Stadtmitte kommend zum Berliner Dreieck fuhren und dort hielten, schoss gegen 17.30 Uhr der SS-Mann Schröder aus seiner Wohnung in eine Gruppe Panzersoldaten des 51. Garde-Panzerregiments und tötete einige. Dabei soll auch ein sowjetischer Offizier erschossen worden sein. Die Sowjets suchten den Schützen. Der SS-Führer warf seine Uniform in das Nachbargrundstück, versteckte sich zunächst auf dem Gelände einer Firma und konnte sich einige Tage später über Deutsch Bork in den Westen absetzen.

Dass er auf sowjetische Armeeangehörige geschossen hatte, konnte nachgewiesen werden. Ob er auch getroffen hatte, dagegen nicht. Schröder war in Treuenbrietzen in den Munitionswerken für alle Baumaßnahmen verantwortlich. Am 23. April, also zwei Tage später, kam es zu Massenerschießungen von Zivilisten.[8]

Die Stadt wurde mehrmals von den Sowjets eingenommen und musste auch mehrmals wieder aufgegeben werden. Vom XX. Armeekorps wurde befohlen, dass die Kampfgruppe „Theodor Körner" Treuenbrietzen einnehmen sollte.

Über den Einsatz seines Bataillons berichtet Hauptmann Sulger: „Das 1. Bataillon vom Regiment 3, das den Befehl erhalten hatte, die Linie Hohenwerbig-Haseloff-Grabow zu sichern, erreicht die Stadt Niemegk. Der Bataillonsgefechtsstand wird in Haseloff eingerichtet

Das 1. Bataillon des 3. Regiments, das in Haseloff liegt, muss die 1. Kompanie an das Füsilierbataillon abgeben. Die 2. Kompanie soll am Angriff auf Treuenbrietzen teilnehmen und wird dazu mit einem Zug Granatwerfer der 13. Kompanie, einer schweren MG-Gruppe und einer Werfergruppe der 4. Kompanie verstärkt."

Am Morgen des 23. April erfolgt der Angriff auf Treuenbrietzen mit dem Gauschwarm Berlin, 15- bis 17-jährige Hitlerjungen und RAD-Männer der Division „Körner" dringen, unterstützt von Sturmgeschützen, in die westlichen Randgebiete von Treuenbrietzen ein. Sie erreichen die Rietzer Grenze und den Stadtbahnhof. Bei dem Angriff können zwei Kompanien, vermutlich vom Jägerbataillon, über die Gartenstraße und Pfarrgasse bis zur Marienkirche vordringen. Aber die Sowjets griffen in den frühen Nachmittagsstunden die Stadt Treuenbrietzen von Westen erneut an. Bis 17.00 Uhr hatten sie die gesamte Stadt zurückerobert. Treuenbrietzen fiel am 23. April zum zweiten Mal in die Hand der Roten Armee.

Zum Einsatz der Hitlerjungen vom Gauschwarm Berlin am 23. April: Es war ein Verbrechen der Nazis, Kinder zu Soldaten zu machen. Es waren Hitlers sogenannte „Kindersoldaten". Sie waren Knaben, schlecht ausgebildet und wurden rücksichtslos in die Kämpfe und in den Tod geschickt. In der Zeitschrift GEOEPOCHE Nr. 17/2005 heißt es: „Zum Führergeburtstag, am 20. April 1945, waren im Garten der Reichskanzlei Hitlerjungen angetreten, die sich in den Kämpfen um Berlin ausgezeichnet hatten. Sie wurden mit dem Eisernen Kreuz ausgezeichnet. Der Jüngste war zwölf Jahre alt."

Über den Einsatz seines Bataillons berichtet Hauptmann Sulger: „Das 1. Bataillon vom Regiment 3 erhielt den Befehl, die Linie Hohenwerbig-Haseloff-Grabow zu sichern. Der Bataillonsgefechtsstand wurde in Haseloff eingerichtet. Das 1. Bataillon, das in Haseloff liegt, muss die 1. Kompanie an das Füselierbataillon abgeben. Die 2. Kompanie soll am Angriff auf Treuenbrietzen teilnehmen und dazu mit einem Zug Granatwerfer der 13. Kompanie und einer schweren MG-Gruppe und einer Werfergruppe der 4. Kompanie verstärkt werden."

Am Morgen des 23. April erfolgte der Angriff auf Treuenbrietzen. Einheiten der Division „Körner" drangen, unterstützt von Sturmgeschützen, in die westlichen Randgebiete ein. Sie erreichten die Rietzer Grenze und den Stadtbahnhof. Bei dem Angriff konnten zwei Kompanien vom Jägerbataillon über die Gartenstraße und Pfarrgasse bis zur Marienkirche vordringen. Sie mussten sich aber auf Druck des Gegners bald wieder zurückziehen.

Die Sturmartillerie-Brigade 243 wurde dem Kommando des Generals Frankewitz unterstellt. Sie sicherte bei den Kämpfen im Raum Treuenbrietzen deren rechten Flügel. Die Verbände der Division hatten folgende Stellungen bezogen: Das Pionier-Bataillon bei Niemegk, das 2. Regiment in Niederwerbig, das 3. Regiment in Haseloff und das Füsilierbataillon vor Treuenbrietzen.

In einem Erlebnisbericht des Unteroffiziers P. Rogge von der 243. Sturmartillerie-Brigade heißt es: „Als Treuenbrietzen überraschend von den Russen eingenommen wird, erhalten wir sofort wieder einen Einsatzbefehl. Wir befinden uns in Haseloff. Infanterie sitzt auf, angeblich sollen wir einen Spähtrupp auf den Ort unterstützen und dem Trupp Feuerschutz geben. Vor dem Ort lässt Leutnant Robel, unser Zugführer, die Infanterie absetzen und braust mit unseren drei Geschützen in den Ort hinein. Kurz vor der Stadt macht die Straße eine leichte Kurve. Als wir dort einbiegen, sehe ich durch die Sehschlitzscheibe, dass das Geschütz von Leutnant Robel einen Volltreffer erhalten hat. Zwei Mann booten aus. Da knallt es auch schon bei uns. Der Geschützführer und Ladekanonier neben mir sind tot. Der Fahrer und ich als Richtunteroffizier können das brennende Geschütz verlassen. Der Fahrer hat Verbrennungen dritten Grades. Ich habe einige Splitter im Körper und leichte Verbrennungen.

Wir kriechen im Graben zurück. Ein LKW, vollbesetzt mit Russen, fährt auf uns zu. Er legt aber den Rückwärtsgang ein und verschwindet. Offenbar ist unser drittes Geschütz immer noch auf der Straße. Ich nehme meinen Kameraden unter den Arm. Wir kommen durch einen Wald auf einen Ort zu. Ein Leutnant greift uns auf und fährt uns mit seinem PKW direkt in die Beelitzer Heilstätten. Dort werden wir komplett verbunden, nur der Mund ist frei. Dann hören wir wieder Kampflärm. Einige Tage später werden wir nach Lindau und danach über die Elbe gebracht und geraten in amerikanische Gefangenschaft.[9]

Die Absicht des XX. Armeekorps mit dem Angriff auf Treuenbrietzen ist, den Hauptstoß auf Ferch zu verschleiern und eine Einkesselung der anderen Divisionen zu verhindern.

Die 14. Kompanie des 3. Regiments erhält bei den Kämpfen ihre Feuertaufe. Die Truppe war erst am 16. April 1945 aus kaum ausgebildeten 16- und 17-jährigen Jungen in Döberitz zusammengestellt worden. Auf der Linie Grabow-Haseloff halten sie dem Angriff der Rotarmisten, die von Nichel aus Nimegk angreifen wollen, einige Zeit stand. Die folgende sowjetische Hauptstoßrichtung kommt nun von Treuenbrietzen, Rietz und Hohenwerbig. Dazu berichtet J. Müller: „Südlich im Forstgebiet von Treuenbrietzen werden wir an der Munitionsfabrik von den Russen eingeschlossen. Nachts bekommen wir starkes Artilleriefeuer und haben Verluste. Am folgenden Tag durchbrechen wir die feindlichen Linien und werden über weite Strecken hinweg, bis in den Raum Niemegk von feindlichen Panzern getrieben."[10]

Die deutsche Front wird zurückgenommen. Ihre neue Aufgabe ist es, die nördliche Flanke Niemegks in Richtung Grabow-Haseloff zu sichern und die Straße nach Belzig offen zu halten. Truppen der Division hatten die Nicheler Ziegelei an der B 102 Richtung Haseloff als Stützpunkt ausgebaut. Dorthin zogen sich die 1. und 4. Kompanie zurück.

Beim Kampf um das Dorf Hohenwerbig wurde auch die Regiments-Sturmkompanie des 2. Regiments eingesetzt. Nach Beschuss der Hohenwerbiger Kirche stießen sowjetische Panzer auf das Dorf zu und nahmen Hohenwerbig ein. Die deutschen Verteidiger zogen sich in Richtung Niemegk zurück. Das Pionierbataillon befand sich ebenfalls in Niemegk. Die dortigen Kräfte wurden dem Pionier-Bataillonskommandeur Fischer unterstellt. Das 2. Regiment lag jetzt in Niederwerbig, das Jägerbataillon vor Treuenbrietzen und das 3. Regiment in Haseloff.

Reste der 14. Kompanie von „Körner" und noch andere verbliebene Einheiten sicherten weiterhin den Raum Grabow, Haseloff, Rietz und außerdem die Flanke noch Hohenwerbig. Am 26. April abends hatten sowjetische Truppen Brachwitz und am 27. April Schlalach zurückerobert. Am 28. April erfolgte ein deutscher Infanterie-Angriff von Linthe in Richtung Schlalach, wobei auch das 1. Bataillon von „Körner" zum Einsatz kam.

Am 29. April wurde Schlalach erneut angegriffen, diesmal von Deutsch Bork aus, mit Sturmgeschützen und aufgesessenen Pionieren der Division „Scharnhorst". Über diesen Angriff berichtet der Pionier Manfred Maier von der Division „Scharnhorst": „Am 29. April, einem Sonntagvormittag, werden wir vom bevorstehenden Angriff auf Schlalach unterrichtet. Mit Unterstützung von vier Sturmgeschützen sollte der Angriff um 11.30 Uhr von Deutsch Bork aus in Richtung Schlalach starten. Vier Mann werden zur Erkundung nach Deutsch Bork vorausge-

Abeler, Bernhard	Exmann, Herbert (Bexmann?)	Ludwig, Heinert
Alvlar, Karl	Geers, Max	Ludwig, Werner
Bange, Kurt	Geiger, Gebhardt	Müller, Ralf
Bäschke, Karl	Geissler, Siegfried	Müller, Walter
Becher, Rudolf	Guld, Franz	Nitschke, Werner
Beech, Henry (Berch?)	Gurk, Josef	Ojorske, Manfred
Behnert, Andreas	Hayn, Dietrich	Plater, Egon
Beinhoff, Fritz	Hecker, Gerhard	Reichert, Karl-Eduard
Berthold, Wolfgang	Heine, Hans-Helmuth	Satorius, Walter
Bianger, Paul	Hilscher, Ulrich	Schäfer, Heinz
Boehse, Wilhelm	Kart, Heinrich	Schmahl, Max
Bonk, Konrad	Kinzinger, Gerhard	Schmidt, Horst
Boorek, Günter	Kriegsmann	Schreiter, Horst
Chasser, Herbert	Kuhles, Werner	Sommerfeld, Bruno
Eibensteiner, Franz	Kühnel, Franz	Stroinski, Theodor
Essig, Fritz	Labudda, Bruno	Willner, Erwin

Die Namen der 49 namentlich bekannten Gefallenen. Namensliste von Siegfried Dalitz in Niemegk 1995.

schickt. Hier haben schon Angehörige der Division 'Theodor Körner' mit zwei schweren Maschinengewehren Stellung bezogen. Vom letzten Haus am Dorfausgang besteht beste Sichtverbindung nach Schlalach. Ich kann zwei Panzerabwehrgeschütze und etliche russische Soldaten beobachten. Die Russen scheinen nicht mit einem Angriff zu rechnen. Zwei Mann gehen zur Berichterstattung zurück. Um 11.00 Uhr ist dann das Motorengeräusch unserer Sturmgeschütze zu hören, es sind aber nicht vier wie erwartet, sondern nur drei, da eines bereits wegen Motorschadens liegen blieb. Die Sturmgeschütze bleiben stehen, um die Mannschaften aufsitzen zu lassen. Es waren Pioniere unseres Bataillons. Dahinter sollten die RAD-Soldaten der Division 'Körner' zu Fuß mit vorrücken. Im Feldstecher beobachte ich, wie die Russen plötzlich weitere Geschütze in Stellung bringen und immer mehr russische Soldaten auftauchen.

Sofort verständige ich Hauptmann Ewald, (Kommandeur des Pionier-Bataillons von 'Scharnhorst' – Ergänzung vom Autor), der bereits am 2. Sturmgeschütz seine Anweisungen gab. 'Dann übernehmen Sie das schwere Maschinengewehr von der Division Körner zum Flankenschutz', war seine Antwort. Das andere Maschinengewehr war nicht mehr funktionsfähig und fiel aus. Die Granatwerfer standen am Waldrand an der Straße nach Alt Bork, kamen aber nicht zum Einsatz.

Hauptmann Ewald gab das Zeichen zum Aufsitzen und Anfahren der Sturmgeschütze. Er selbst fuhr auf dem zweiten, für das ich ursprünglich auch vorgesehen war. Die Sturmgeschütze fuhren mit einem Abstand von ca. 30 Metern. Kaum auf halbem Weg, begannen die Sowjets aus allen Rohren zu feuern. Alle drei Sturm-

Treuenbrietzen: Grabanlage für 343 Gefallene und Ermordete. Foto H. Kaczmarek

geschütze wurden nacheinander getroffen. Die Russen waren in absoluter Übermacht. Es war ohnehin unverständlich, einen Angriff am hellichten Tage über das völlig offene Feld anzusetzen. Die Sturmgeschütze waren schwer getroffen, und zwei brannten. Sie meisten der vorgerückten Kameraden waren schwer verletzt und verbluteten auf der Straße nach Schlalach. Hierbei fiel auf, das mindestens ein deutsches Maschinengewehr 42 eingesetzt gewesen sein muss. Darauf deutete nicht nur der Ton, sondern auch das erkennbare „Fallen der Grashalme" am Wegrand über den Graben. Möglicherweise war am Vortag ein solches Gerät unzerstört erbeutet worden. Die Waffe muss von Sachkennern bedient worden sein. Die Schüsse lagen haargenau und verursachten erhebliche Ausfälle. Bald kamen die ersten Überlebenden zurück. Hauptmann Ewald war auch dabei. Er befahl uns, am Waldrand in Richtung Alt Bork zu sammeln. Mit den Worten: 'Jungs wir müssen unbedingt die Russen aufhalten', nahm uns Hauptmann Ewald wieder mit nach vorn. Und so standen wir wieder in Abwehrstellung am Ortsausgang von Deutsch Bork."

Der Angriff brachte nicht die geplante Rückeroberung von Schlalach. Die bei diesem Gefecht Gefallenen gehörten fast alle der Division „Theodor Körner" an. In Schlalach zeugt ein Massengrab mit 99 Gefallenen von der Härte dieses Kampfes. Die Sturmkompanie des Grenadier-Regiments „Körner" wurde danach neu zusammengestellt und wieder aufgefüllt. Die Verluste waren insgesamt sehr groß. So wurden 25 in Brachwitz, in Zauchwitz 39, in Elzholz 92 Soldaten auf den Friedhöfen bestattet. In Treuenbrietzen sind 209 deutsche Soldaten bestattet. In Körzin sind 37 Soldaten gefallen. Sie wurden in drei verschiedenen Einzelgräbern in der Feldmark Körzin und 34 in einem Massengrab in der Nähe der jetzigen Bushaltestelle beigesetzt und am 16. Juni 1952 zum Soldatenfriedhof Halbe umgebettet. Eine Umbettung erfolgte auch

12,8 cm Eisenbahn-Flak-Geschütz

bei den 39 toten Wehrmachtsangehörigen aus Zauchwitz. Auch sie wurden im Juni 1952 zum Waldfriedhof in Halbe umgebettet. Erkennungsmarken und sonstige Personalpapiere sollen bereits 1945 von der sowjetischen Armee abgenommen und vernichtet worden sein. Sie wurden in Halbe als „Unbekannt" bestattet.

In den Tagen um den 22./23. April zog sich die Rote Armee in einem Bereitstellungsraum zusammen, der auf einem Ackerstück am Weg nach Rietz lag. Von dort sollte anscheinend der Sturm auf Niemegk mit allen zur Verfügung stehenden Kräften erfolgen. Dieser Sammelpunkt wurde von einem Eisenbahngeschütz, das zwischen Belzig und Niemegk auf den Schienen hin- und her pendelte, ins Visier und unter Feuer genommen.[11]

Der Obergefreite Rolf Stedingk war Funker in dieser Eisenbahn-Flak-Batterie. Er berichtet dazu: „Wir machten Stellungswechsel bis kurz vor dem Ort Belzig. In der Nacht kamen wir mit den Geschützen und Munitionswagen zum Einsatz. Unsere Batterie schoss mit allen vier Geschützen mit 12,8- cm-Granaten mit hochgezogenem Sprengpunkt. Das Geschoss kam dann über dem Ziel in der Luft etwa ein bis zwei Sekunden vor dem Aufschlag zur Detonation und konnte dann auf einer größeren Fläche teilweise sehr großen Schaden anrichten. Die Geschütze haben etwa zwanzig Minuten geschossen und danach sind wir in unsere alte Stellung zurückgefahren. Damit neigte sich unser letzter Kriegseinsatz seinem Ende zu und es wurde alles vorbereitet, um die Waffen und Geräte unbrauchbar zu machen.

Die E-Mess-Basis, das Funkmessgerät und die Geschütze wurden mit Sprengladungen versehen und am nächsten Tag gesprengt."[12]

Der Beschuss muss eine fürchterliche Wirkung hinterlassen haben. Lange Zeit lagen danach Kadaver der Pferde und Skelette herum. Pferdewagen und Gerät, das auch der Versorgung diente und für den Nachschub gedacht war, lagen in einem völligen Durcheinander auf dem Acker und im Wald. Tote und Verwundete wurden in rückwärtige Stellungen gebracht, und die zerschmetterten Fahrzeuge blieben liegen.[13]

Das Eisenbahn-Flak-Geschütz stand auf dem Bahnhof Treuenbrietzen und schützte die Munitionstransporte aus den Munitionsfertigungsstätten aus dem „Alten Lager". Bereits am 18. und 19. April eröffnete das Eisenbahngeschütz vom Bahnhof Treuenbrietzen aus das Flakfeuer auf anfliegende russische Aufklärer und Jagdbomber, die sofort abdrehten. Am 21. April griff es wieder in die Kämpfe ein.

Beim 1. Bataillon vom 3. Regiment zeigt sich der Tag wie folgt: „Starkes Feuer auf Stellungen. Gegen 17.00 Uhr 40-minütiges Trommelfeuer der Russen. Angriff und Einbruch, Stellung kann nicht mehr gehalten werden. Es erfolgt der Aufbau einer neuen Hauptkampflinie. Das Jägerbataillon der Division 'Körner' wurde 500 Meter südlich von Treuenbrietzen formiert." Wie das auf Bataillonsebene aussah, berichtet Hauptmann Thomasius: „Ich erhielt den Befehl, auf Treuenbrietzen vorzustoßen, um den Truppen südlich von Berlin und der Zivilbevölkerung den Weg nach Westen in Richtung Elbe offenzuhalten. Bei diesen Gefechten im Raum Treuenbrietzen hatten die Infanterieeinheiten unserer Division 'Körner' harte gefechtsmäßige Auseinandersetzungen mit den Russen.

Als Eingreifreserve der Division erhielt ich den Auftrag, im Gegenstoß die alten Stellungen auf einer kleinen Anhöhe wieder zu nehmen. Aufgrund meiner Geländeerkundung sollte ich mit meinem Bataillon über eine Fläche gegen diese Anhöhe angreifen. Für ein ausgebildetes Infanteriebataillon wäre dieser Kampf schon äußerst schwierig gewesen, da man bei solchen Geländeverhältnissen in der Dunkelheit angreift. Meine Soldaten waren aber gefechtsmäßig nicht ausgebildet.

So forderte ich bei der Division Artillerieunterstützung für meinen Angriff an. Von dort erhielt ich die Mitteilung, dass die Artillerie anderweitig eingesetzt wäre und ein vorgeschobener Beobachter nicht zur Verfügung steht. Ich meldete der Division daraufhin, dass ich diesen Angriff auf das von Russen besetzte Dorf nicht durchführen könne, da der Russe in der Zwischenzeit Panzer in die Dorfstellung eingebracht hatte.

Nach geraumer Zeit erhielt ich von der Division die Mitteilung, dass ich eine Sturmgeschütz-Brigade zur Unterstützung meines Angriffs bekäme. Die Batterie bestand aus drei Sturmgeschützen. Mit dem Batterie-Chef besprach ich meinen Angriffsplan und befahl meinen Kompanien den Angriff auf das Dorf. Wir erhielten erhebliches Infanterie-als auch Artilleriefeuer. Nach etwa 1.000 Meter waren bereits zwei von drei Sturmgeschützen abgeschossen und unsere infanteristischen Verluste waren hoch. Der Angriff konnte nicht fortgesetzt werden, und ich befahl den Kompanien, sich einzugraben.

Während der Nacht hörte man aus dem vorgelagerten Dorf Schreie, Schüsse, Grölen. In den ersten Tagesstunden noch in der Dämmerung tauchten Gestalten vor unserer Linie auf, die ständig um Hilfe und „nicht schießen" riefen. Die vorderen Kompanien blieben gefechtsbereit und warteten das Näherkommen der Gestalten ab. Es waren etwa 30 junge Mädchen, die sich aus dem RAD-Lager, das sich in dem russisch besetzten Dorf befand, hilfesuchend zu uns 'Jägern' durchschlagen konnten. Ihr Anblick war erschütternd. Kaum noch bekleidet, zerrissene Röcke, blutend im Gesicht, an den Beinen und am Körper. Die Mädchen weinten vor Erschöpfung. Sie waren alle von der russischen Soldateska mehrmals vergewaltigt worden. Derartig zugerichtete junge Frauen hatte bisher noch keiner der jungen Soldaten des Jägerbataillons erlebt. Die Mädels wurden in aller Eile vom Bataillon aufgenommen. Der Bataillonsarzt übernahm die sofortige Rückführung dieser zerschundenen jungen Frauen zum Hauptverbandsplatz und weiter zum Feldlazarett."[14]

Beim Vorrücken der sowjetischen Truppen war es zu massiven sexuellen Übergriffen auf die deutsche Zivilbevölkerung gekommen. Viele starben an den Folgen. Viele flüchteten in den Tod. Viele schwiegen ihr Leben lang. Allein bei den sowjetischen Soldaten gingen die Untersuchungen an der Friedrich-Schiller-Universität Jena von mindestens 300.000 Kindern aus. Die Besatzungskinder wurden nach dem Krieg lange verschwiegen.[15]

Teilkräfte der Division „Körner" gingen von Linthe zum Angriff gegen Osten vor. Sie nahmen das unbesetzte Buchholz und unterbrachen somit den sowjetischen Nachschubverkehr auf der stark frequentierten Reichsstraße 2 zwischen Beelitz und Treuenbrietzen. Die sorglos gewordenen Sowjets bemerkten vorerst nichts. Den ganzen Tag über wurden ihre durch Buchholz rollenden Transporte abgefangen oder zusammengeschossen. Am Abend kam dann überraschend der Befehl zum Rückzug. Der Angriff wurde wohl gestoppt, weil die Stellungen der Division „Körner" bei Nimegk mittlerweile selbst von sowjetischen Panzerkräften heftig attackiert wurden.

Bataillonskommandeur Jordan Sauter berichtet dazu: „In der Morgenfrühe des 24. April stellt sich das I. Regiment am Ortsrand von Linthe zum Angriff auf Buchholz bereit. Das Dorf ist feindfrei. Buchholz, ein Städtchen, an der Straße Jüterbog-

Treuenbrietzen-Potsdam gelegen, wird von uns kampflos besetzt. Die verängstigten Einwohner halten unsere Arbeitsmänner in ihren olivgrünen Uniformen für Russen und winken aus Türen und Fenstern mit weißen Tüchern. Ich übernehme mit meinem Bataillon die Sicherung des nordöstlichen Ortsteiles und der Straße nach Potsdam. Der Russe weiter nördlich und im Süden weiß nichts davon, dass unser Regiment wie eine Sichel in seiner Querverbindung steckt. Den ganzen Tag über reißt der Strom von russischen Einzelfahrzeugen nicht ab, die Buchholz in beiden Richtungen durchfahren wollen. Melder, einzelne Offiziere, Kuriere, Fahrzeuge aller Art. Sie werden samt und sonders vereinnahmt. Einige setzen sich zur Wehr und werden zusammengeschossen. Ich befinde mich gerade bei einem MG-Posten, als ein russisches Beikrad daher braust. Auf mein Haltezeichen versucht der Fahrer, in vollem Tempo davonzurasen, da reißt ihn ein MP-Feuerstoß aus dem Sattel. Das Krad dreht sich kreischend und landet am Straßenrand. Gleich einem Raubtier springt der Beifahrer aus dem Kübel und ist in Sekundenschnelle im Straßengraben verschwunden. Schon bellt seine MP auf, da zerfetzt ihn eine Garbe des schweren Maschinengewehrs. Er ist ein Kommissar mit breitem Asiatengesicht. Unter seiner Russenbluse finden wir händevoll Eheringe, Ohrringe, Armbanduhren, Schmuck und Spangen jeder Art. Hass und Verachtung steigt in uns auf. Wir legen den Toten in den Graben und warten auf weitere Russen, die uns bis zum Spätnachmittag ahnungslos in die Hände und in die MG-Garben laufen.

Völlig abgekämpfte eigene Truppen, einzelne Soldaten und versprengte Truppen kommen vielfach ohne Waffen von Osten auf Buchholz zu. Sie werden von den Sicherungen aufgenommen und Richtung Westen weitergeleitet.

Am Abend trifft ganz überraschend der Befehl ein, Buchholz zu räumen und sich vom Feind zu lösen. Der Gegenangriff der 12. Armee ist gescheitert. Das Regiment setzt sich in Richtung Rädigke ab. Ein Divisionsbefehl verbietet jede Bekanntgabe der Rückzugabsichten an die Bevölkerung, da Stockungen durch mitfahrende Flüchtlingstrecks befürchtet werden. Ich halte mich nicht an den Befehl, weil ich die Angst und das Grauen der Leute nicht mehr mit ansehen kann, als sie unsere Räumungsvorbereitungen erkennen. Rasch werden die Ortsbewohner verständigt. Hoch bepackt stehen ihre Wagen in Scheunen und Schuppen, die Pferde sind teilweise schon angeschirrt. Die Fuhrwerke werden in unser Marschband eingegliedert und hinein in die Nacht geht der beschwerliche Weg nach dem Westen. Im Halbkreis hinter uns brennen die Dörfer und Gehöfte, und von Berlin her reißt das dumpfe Wummern der Kämpfe nicht ab. Dort ist der Himmel blutrot.

Im Verlauf der Absetzkämpfe bezieht das Regiment Sicherungs- und Verteidigungsstellungen bei Reesdorf, Neuendorf und Borkheide, die gegen überlegene Feindkräfte gehalten werden. Volkssturmeinheiten und Angehörige eines sogenannten „Freikorps Adolf Hitler" tauchen da und dort auf, ohne klare Befehle und

Kampfaufträge. Die Zivilbevölkerung plündert Magazine mit Lebensmittel und Stoffen.

Am 26. April lautet der Auftrag der Division, Flankensicherung der Division „Hutten" im Abschnitt Treuenbrietzen-Niemegk. Die Lage im Raum Treuenbrietzen-Wittenberg hatte sich durch den Angriff der Sowjets auf breiter Front gegen Niemegk so verschärft, dass alle drei Divisionen des XX. Armeekorps bereits in ihren Bereitschaftsstellungen in die Verteidigung gedrängt wurden.

Am 29. April übernehme ich auf Befehl der Division das Regiment 1. Den Regimentsstab treffe ich in Borkheide. Teile des Regiments sind von den Russen eingeschlossen und vom Stab so gut wie abgeschnitten. Im Regimentsstab herrscht Untergangsstimmung.

Es gibt neue Befehle. Das Regiment löst sich aus der tödlichen Umklammerung und rettet sich in rastlosem Marsch vor dem sicheren Untergang. In Trebnitz-Gömnigk wird Ortsunterkunft bezogen, und die durcheinandergeratenen Verbände werden neu gegliedert. Ich kehre wieder zu meinem Bataillon zurück."[16]

Am Abend des 29. April wurde die Lage auf beiden Seiten der 12. Armee bedrohlich. Im Süden versuchten sowjetische Truppen, mit starker Panzerunterstützung im Raum Treuenbrietzen durchzustoßen, um die Spitzen der 12. Armee abzuschneiden. In drei Stoßkeilen rollten sowjetische Verbände aus Treuenbrietzen und Jüterbog heran. Der Druck richtete sich vor allem gegen die Divisionen „Körner" und „Scharnhorst". Dieser Vorstoß blieb jedoch auf den genannten Raum beschränkt, sodass die Sicherung der tiefen Südflanke, die eine Voraussetzung für den geordneten Rückzug der Armee war, aufrechterhalten blieb.

Im Kampfgebiet Treuenbrietzen verloren 1.200 Menschen – deutsche und sowjetische Soldaten, Zwangsarbeiter und Zivilpersonen – in den Tagen vom 20. April bis Anfang Mai ihr Leben.

Am 30. April um 15.30 Uhr machte Adolf Hitler in Berlin seinem Leben ein Ende. Bei der Truppe wurde der herkömmliche militärische Gruß wieder eingeführt.

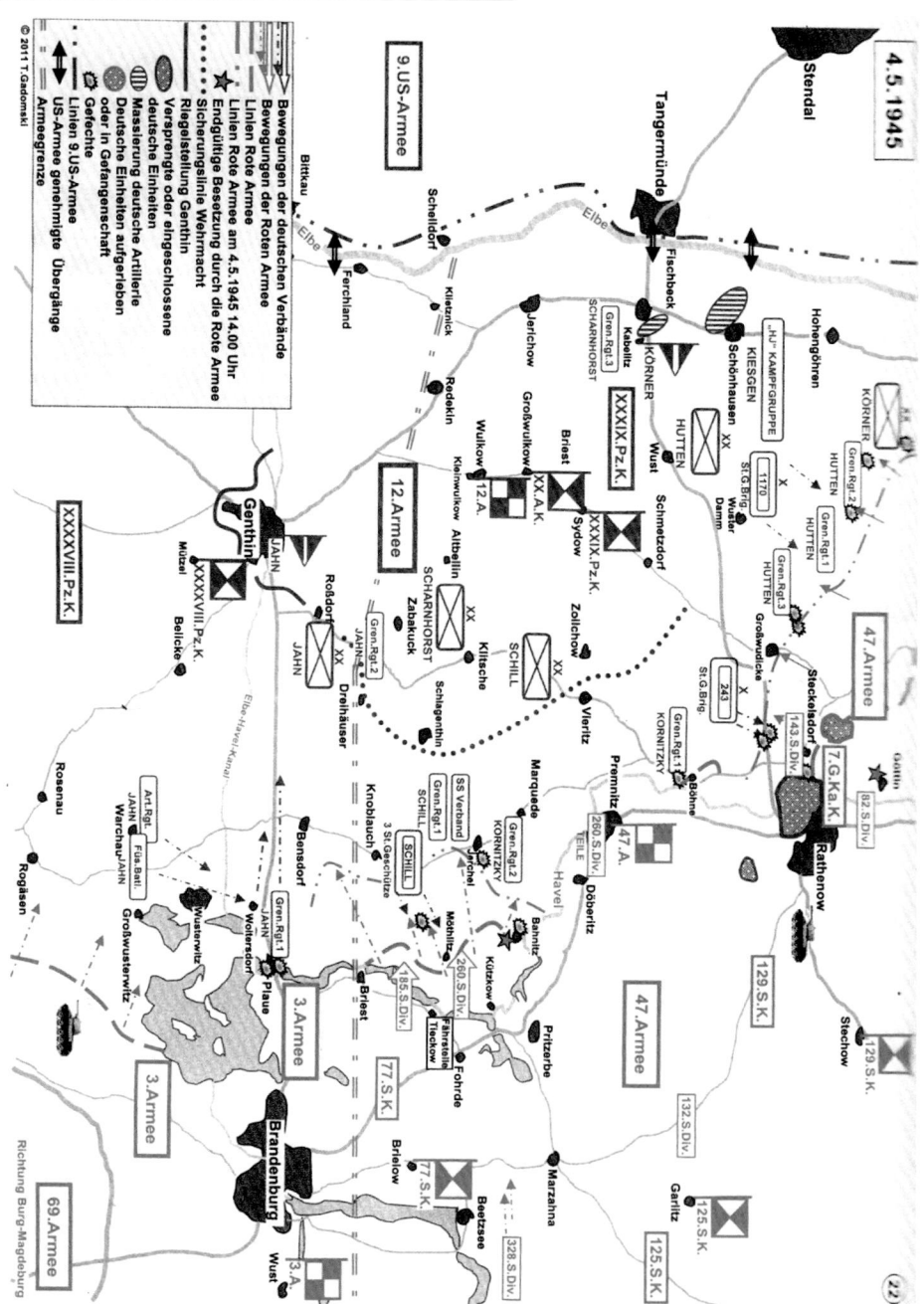

Lagekarte von Thomas Gadomski vom Rückzug der Division „Körner" zur Elbe.

Der Rückzug zur Elbe

Die Armee Wenck war bestrebt, nach der Kapitulation Berlins am 2. Mai 1945 den stark bedrohten Weg nach Westen zu finden, bedroht durch den Brückenkopf bei Dessau und sowjetische Truppen, die nordwestlich von Wittenberg auf dem Vormarsch waren. Bei Brandenburg und Rathenow wurden deutsche Truppen immer stärker bedrängt. In aller Eile wurde die Division „Theodor Körner" verlegt. Die Verbände der Division begannen in der Nacht vom 1. zum 2. Mai, ihre Stellungen zwischen Niemegk und Treuenbrietzen aufzugeben und in Tag- und Nachtmärschen über Belzig-Görzke-Genthin in den Raum Hohengöhren-Schönhausen zu marschieren, den sie zu sichern hatten.

Dieser Rückzug konnte fast reibungslos und geordnet durchgeführt werden. Die Gefechtslage bedeutete für die Infanterieeinheiten die vorsichtige Lösung vom Feind, um sich schrittweise auf die Elbe vorzuarbeiten. Das Jägerbataillon wurde ständig als Nachhut eingesetzt.

Die russischen Truppen zögerten im Nachsetzen. Am Morgen des 3. Mai war das Regiment am Plauer Kanal. Die Mannschaften wurden ostwärts Genthin in Schlauchbooten übergesetzt und gleich hinter dem Wasser nahm sie dichter Laubwald auf. Sie fühlen sich geborgen und gesichert, nachdem der Kanal hinter ihne lag. Von der Havel herüber schwoll der Kampflärm an. Dort war es russischen und polnischen Verbänden gelungen, den Fluß an mehreren Stellen zu überwinden und Raum Richtung Elbe zu gewinnen.

E. Riedel vom 5. Ersatzbataillon der „Theodor Körner" schreibt in seinen Erinnerungen: „Am 1. Mai Abmarsch über Belzig 15 km nach Rittergut Schmerwitz. Auf dem Gutshof wird bekannt gegeben, dass Adorf Hitler in Berlin den Heldentod gestorben ist. Nun sind wir alle überzeugt, dass der Krieg nicht mehr lange dauern wird. Wir wünschen nur, mit heiler Haut davonzukommen. Es sickert durch, dass der Divisions-Kommandeur den festen Entschluss gefasst hat, seine ihm anvertrauten Soldaten nach Westen zu bringen und die Division dem Amerikaner zu übergeben. Nur nicht in die Hände der Russen fallen! Hiobsbotschaft am 2. Mai: Uns wird mitgeteilt, wir stecken in einem Kessel und sind ringsum von russischen Kampfverbänden eingeschlossen! Nur unsere Straße führt durch eine einzige noch offene Stelle. Wenn wir bis zum anderen Tag nicht das Gut Belicke erreichen würden, sind wir verloren. Ein Gewaltmarsch von 40 km liegt vor uns über Görzke und Ziesar. Wir müssen es schaffen! Um 18.00 Uhr marschieren wir ab. Es folgen fast übermenschliche Strapazen. Obwohl wir jung, bei Kräften und marschtrainiert sind, macht so mancher schlapp. Die schwere Ausrüstung, die jeder am Koppel und Körper hängen hat und trägt, wird immer schwerer, zerrt, reibt und scheuert. Fast nur noch automatisch wird jeder Schritt gesetzt. Aber wir schaffen es! Am

Soldaten bei einer Besprechung (Bundesarchiv)

anderen Morgen, dem 3. Mai, erreichen wir unser Marschziel, das Gut Belicke, völlig marodiert. Wir haben Ruhe bis zum nächsten Tag. Am 4. Mai geht es weiter. Ein 25 km Marsch über den Stadtrand von Genthin, Zabakuk nach Zollchow, immer durch Wald. Vor dem Dorf machen wir halt. Es liegt bereits unter sowjetischem Artilleriebeschuss. Abermals stecken wir im Kessel. So schnell wie möglich kehrt und ein Stück zurück. Am 5. Mai marschieren wir die halbe Nacht und erreichen, von keinerlei Feindeinwirkung behindert, nach 30 kam Hohengöhren. Nun sind wir an der Elbe, aber noch lange nicht auf der anderen Seite. Kein Übergang, aber in Hohengöhren stoßen wir auch wieder auf unseren Divisionsstab. Alle Straßen hierher sind völlig mit Militär verstopft. Alles will über die Elbe, zig-tausende von Soldaten, bis hierher noch mit allem Kriegsgerät. Vereinzelt befinden sich auch Frauen darunter. Es wird gemunkelt, dass sie vom Ami zurückgewiesen werden, wenn sie als solche erkannt werden. Sie stecken sich in Männeruniform, binden ihr Haar über den Kopf zusammen und stülpen einen Stahlhelm darüber. So getarnt tauchen sie im Wirrwarr unter.“[17]

Die letzten Kämpfe

Am Morgen des 6. Mai bezog der Divisionsstab der „Körner" den letzten Gefechtsstand in Schönhausen. Divisionskommandeur Generalleutnant Frankewitz schickte, wie alle anderen Divisionsstäbe, den 1 c mit einem Vorauskommando über die Elbe, um die Aufnahmeräume der Division vorzubereiten. Auch die Soldaten der Division erreichten bei Schönhausen die Elbe. Hier übernahmen die Jäger den nördlichen Teil des Brückenkopfes und kämpften mit dem 2. Regiment in der Nachbarstellung gegen eine polnische Einheit. Am 6. Mai erhielten die Bataillone des Regiments 2 den Befehl, sich aus ihren Stellungen herauszulösen und danach die Elbe zu überqueren.

In seinem Erinnerungsbericht schreibt J. Müller vom 2. Regiment: „Unsere letzte Verteidigungslinie befindet sich östlich von Schönhausen entlang der Bahnlinie. Die Russen haben von einem Stellwerk gute Einsicht und können mit Artillerie jede Bewegung beantworten. Wir haben hohe Verluste. Leutnant Klein, unser Zugführer, wird schwer verwundet. Am letzten Tag befinden wir uns auf dem Weg in Richtung Schönhauser Brücke. An dieser Stelle wird unser Unteroffizier Stachelberg, Jurist aus Berlin, schwer verwundet, den ich mit Hilfe eines deutschen Offiziers, der mit seinem PKW vorbeikommt, zur Elbbrücke bringe. Die Bilder, die ich hier auf der Elbwiese sehe, werden mir ewig unvergessen bleiben. Die Reste der 14. Kompanie gehen über die Tangermünder Elbbrücke in Gefangenschaft."[18]

In seinem letzten Bericht schreibt E. Riedel vom 5. Feldersatzbataillon: „Am 6. Mai rücken wir in der Frühe etwa 4 km nach Schönhausen ab. Dort befindet sich eine Eisenbahnbrücke. Wir liegen in diesem Ort den ganzen Tag in Bereitschaft. Wir pendeln in Grüppchen herum, um etwas zum Essen zu organisieren. Es ist problemlos, denn außer dem Kriegsgerät sind auch alle Trosse und Wagen der sich hier stauenden Divisionen mit Küchen, Verpflegungsvorräten vom Feinsten zu finden. Ladungen voller Brote, Konserven, Süßigkeiten, Schnaps und Tausende von Zigaretten. Wir packen Taschen und Brotbeutel voll, hängen uns Konserven um und essen, essen, essen. Als Verdauungsmedizin suchen wir die schönsten Schnäpse. Am Nachmittag setzt plötzlich Artilleriebeschuss ein, und wir müssen wohl oder übel unsere Hamstertouren aufgeben. Anfänglich lassen wir uns nicht weiter stören, weil die Granateinschläge immer nur im vorderen Teil des Dorfes liegen. Doch dann kommen die Dreckfontänen immer näher, und wir müssen in den Häusern Deckung suchen. Wir pressen uns unter die Fenster an die den Einschlägen zugewandte Mauer, um gegen die durch die Fenster fliegenden Glassplitter geschützt zu sein. Zum Glück hält die Schießerei nicht lange an. Um 24.00 Uhr rückt die Kompanie geschlossen in die Nähe der gesprengten Eisenbahnbrücke auf die

Abgeschossener russischer T 34

Elbwiesen südlich des Bahndammes ab. Hierher hat sich auch unser Divisions-Gefechtsstand zurückgezogen. Zur Absicherung gehen wir hier in Stellung und stellen Posten auf. Unübersehbar steht auch hier auf diesem Teil der Elbwiesen ungezähltes Kriegsgerät dicht bei dicht umher. Umgekippte Munitionswagen brennen und fliegen in die Luft. Dazwischen liegen zahllose tote Pferde oder laufen ausgespannte umher. Ein Chaos ohnegleichen. Am Morgen des 7. Mai zieht sich unsere Kompanie unmittelbar bis an die zerstörte Brücke zurück. Drei Freiwillige, zwei Soldaten und ich, gehen ca. 300 Meter vor der Brücke am Bahndamm Richtung Schönhausen als Beobachter in Stellung. Von hier aus können wir wunderbar das ganze Wiesengelände nördlich des Bahndammes nach Hohengöhren hin überblicken. Sich nähernde russische Panzer sollen wir sofort melden und uns wieder zurückziehen. Unsere Vierlingsflak verballert den letzten Munitionsvorrat in vor uns verstreut stehendes Gebüsch und Deckungen, um einem Einsickern von russischer Infanterie vorzubeugen. Eine vor der Brücke aufgefahrene Sturm-Geschütz-batterie feuert ihre letzten Granaten nach Hohengöhren, wo der Russe bereits eingedrungen ist. Nicht lange, da erblicken wir, wie aus Hohengöhren, ca. 500 Meter, acht Stalinpanzer mit aufgesessener Infanterie auf Schönhausen zurollen. Kurz vor den ersten Häusern stoppen sie und beschießen das Dorf. Plötzlich ein schwacher Knall und eine Rauchwolke, kurz danach ein weiterer Knall und der zweite Panzer ist von einer Panzerfaust getroffen und fliegt in die Luft. Die übrigen Panzer wenden und fahren zurück, während sich die russische Infanterie über die Wiesen unserem Bahndamm nähert. Als MG-Garben über unsere Köpfe pfeifen, ziehen wir uns im Schutz des Bahndammes zur Brücke zurück. An der Brücke angelangt, sehen wir, dass sich unsere Kompanie, ohne uns verständigt zu haben, längst über die Brücke abgesetzt hat. Durch die Sprengung hängt die Brücke in der Mitte des Flusses etwas im Wasser. Dort liegt ein schmaler Brettersteg über Schlauchbooten. Wir eilen darüber hinweg und atmen auf, als wir auf der anderen Seite von den Amis entwaffnet werden und in letzter Minute den Russen entkommen sind. Tausende deutsche Kriegsgefangene stehen, von Amis bewacht, am westlichen Elbufer oder sind bereits abgerückt. Wir finden bald die Kameraden unserer Kompanie wieder. Dann werden wir in Viererreihen formiert und marschieren in einer endlosen Kolonne über Tangermünde nach Stendal. In Stendal schwenken wir zum Schießstand ein. Er liegt neben einem Flugplatz. Hier werden wir hinter Stacheldraht unter freiem Himmel untergebracht."[19]

Die Russen wollten den Brückenkopf aufreiben und schossen mit Artillerie auf die ostwärtigen Elbe-Dämme. Das Jägerbataillon zog als letzte Einheit aus den Gefechtsstellungen und setzte auf einer Fähre auf die amerikanische Seite über. Unter Aufsicht der Amerikaner entband Hauptmann Thomasius seine Soldaten vom Diensteid und aus der Wehrmacht.

Auf den Wiesen vor Kalbe/Milde lagen bis zu 40.000 Mann. Die Ernährung war in den ersten Tagen mehr als knapp. Jeder Soldat bekam alle zwei Tage zwei Scheiben Toast und eine Scheibe Schinken. Nach etwa sechs Tagen wurden diejenigen mit Wohnsitz in Niedersachsen zusammengestellt und per LKW nach Hannover in englische Gefangenschaft übergeben.

Über die letzten Kämpfe an der Elbe berichtet Hauptmann Sauter: „Jetzt kämpft das Armeekorps um sein Leben. Auf die Meldung hin, dass der Feind von Havelberg nach Süden vorstößt, wird mein Bataillon auf Lastwagen verladen und in eiliger Fahrt über Jerichow, Schönhausen nach Klietz vorgeworfen. Der Kampfauftrag ist klar und eindeutig, Klietz so lange zu halten, bis die Korps, die Reste der Oderarmee und die Abertausende von Flüchtlingen die Elbbrücke bei Tangermünde überschritten haben. Rasch wird das Bataillon umgeladen, zur Verteidigung gegliedert und beiderseits der Straße Havelberg-Tangermünde eingesetzt. Der Bataillonsabschnitt ist sieben Kilometer breit. Die Kompanien graben sich ein. Die vorgeschobenen Beobachter werden eingewiesen. Die Batterien schießen sich auf Straße und Vorgelände ein. Schwere Pak geht in Stellung und die restlichen vier Sturmgeschütze stehen unter den Obstbäumen am Ortsrand. Rechts an mein Bataillon angelehnt mit Front nach Osten, erwartet das I. Bataillon unter seinem Kommandeur Niederfeilner den Feind.

Amerikanische GI entwaffnen deutsche Soldaten.

Schon stürmen die Russen heran. Die ersten Angriffe werden zurückgeschlagen. Aber nun beginnt für mein Bataillon ein verzweifeltes Ringen um Sein oder Untergang. Im pausenlosen Feuer aller Kaliber sinkt der Ort in Schutt und Trümmer. Panzergranaten schmettern Giebel und Wände in Stücke und reißen den Kirchturm herunter. Mein Gefechtsstand zittert und bebt. Immer wieder werden die Ausgänge verschüttet. Einbrüche des Gegners werden in Gegenangriffen bereinigt und abgeriegelt. Zwei schwere Stalin-Panzer brechen mitten im Dorf auseinander. Einer davon dicht vor meinem Gefechtsstand. Er wurde mit einer Panzerfaust vernichtet. Bis in die Nacht hinein wechseln Feindeinbrüche und Gegenangriffe. Zum Glück haben wir noch die Sturmgeschütze. Ihr Eingreifen gibt den jungen Soldaten den Rückhalt und das Gefühl der Sicherheit.

Am Morgen des 5. Mai ebbt der Höllenlärm kurz ab. Dann bricht der Feuersturm erneut los. Mit allen verfügbaren Kräften versucht der weit überlegene Gegner Klietz zu nehmen, um von dort nach Süden auf die Tangermünder Brücke zu stoßen. Gelingt ihm dies, so sind die zum Übersetzen versammelten Verbände verloren.

Nicht alle der jungen Arbeitssoldaten sind dem grausamen Geschehen gewachsen. Sie wissen, der Krieg kann nur noch Stunden dauern. Die nahe Elbe lockt.

Viele verlassen ihre Stellungen und verschwinden in kleinen Gruppen, um die Elbe zu durchschwimmen. Unter Aufbietung aller meiner Kraft und meiner Erfahrung vermag ich das Bataillon zusammenzuhalten. Immer wieder muss ich den Soldaten, den Unteroffizieren und Offizieren sagen, um was es geht. Ich rede und drohe auch mit der Waffe.

Auf meine Vorstellung bei der Division wird im Morgengrauen des 6. Mai das Bataillon aus Klietz genommen und einige Kilometer weiter südlich mit Front nach Norden eingesetzt. Unsere neue Hauptkampflinie ist nicht gerade günstig, aber unser Absetzen erfolgt unbemerkt.

Unter empfindlichen eigenen Verlusten halten wir unsere Stellung bis in den Nachmittag hinein. Die Verbindungen zum Regiment und zu den Batterien sind unterbrochen. Die Munition wird knapp. Das Bataillon wird mehr und mehr zusammengedrängt, und ununterbrochen wüten Granatwerfer und Panzergeschütze im Abschnitt. Die Verluste steigen erschreckend. Da trifft um 17.15 Uhr ein junger Leutnant schweißgebadet bei mir ein und überbringt mir die Meldung, 'Feind feuert aus Hohengöhren, wir setzen uns auf die Elbe ab.' Ich kann es kaum glauben. Der Feind hinter unserem Regiment auf der Straße bei Hohengöhren bleibt stehen, nur wenige Kilometer vor der Tangermünder Brücke. Wir sind bei der Brücke. Jetzt geht es noch darum, die Truppe vor der Vernichtung zu retten. So sind meine Melder noch nie gelaufen, 'zurück arbeiten an die Elbbrücke und Feuerschutz geben.' Kein Verwundeter bleibt liegen. Ein Wettlauf mit dem Tod beginnt. Immer wieder machen die Züge und Gruppen kehrt und halten den durchgebrochenen Gegner durch Feuer nieder und kommen über den schützenden Elbdamm.

Unverzüglich werden auf dem Damm schwere Maschinengewehre in Stellung gebracht und die Kompanien zum letzten Mal zur Abwehr gegliedert. Bei Storkau wird mit Elbkähnen über den Fluss gerudert. Unter ihnen auch Reste der Sturmgeschütz-Brigade 243."[20]

Im Bereich der Division „Körner" ging auch Generalleutnant Frankewitz mit seinen letzten Leuten am 7. Mai 1945 gegen Nachmittag über die Elbe in die Gefangenschaft. Auf der anderen Elbseite mussten alle mitgebrachten Waffen unter amerikanischer Bewachung auf einen Haufen geworfen werden.

Gefechtsstände der Infanterie-Division Theodor Körner, soweit sie ermittelt werden konnten:

22.4.1945	Kranepuhl	2.5.1945	Gut Belicke
24.4.1945	Lüsse	4.5.1945	Kabisch
1.5.1945	Schmerwitz	6.5.1945	Schönhausen

Am 7. Mai um 19.00 Uhr hatten sowjetische Panzerverbände das östliche Ufer abgesperrt. Wenck spricht von 100.000 Soldaten und 300.000 Zivilisten, die über-

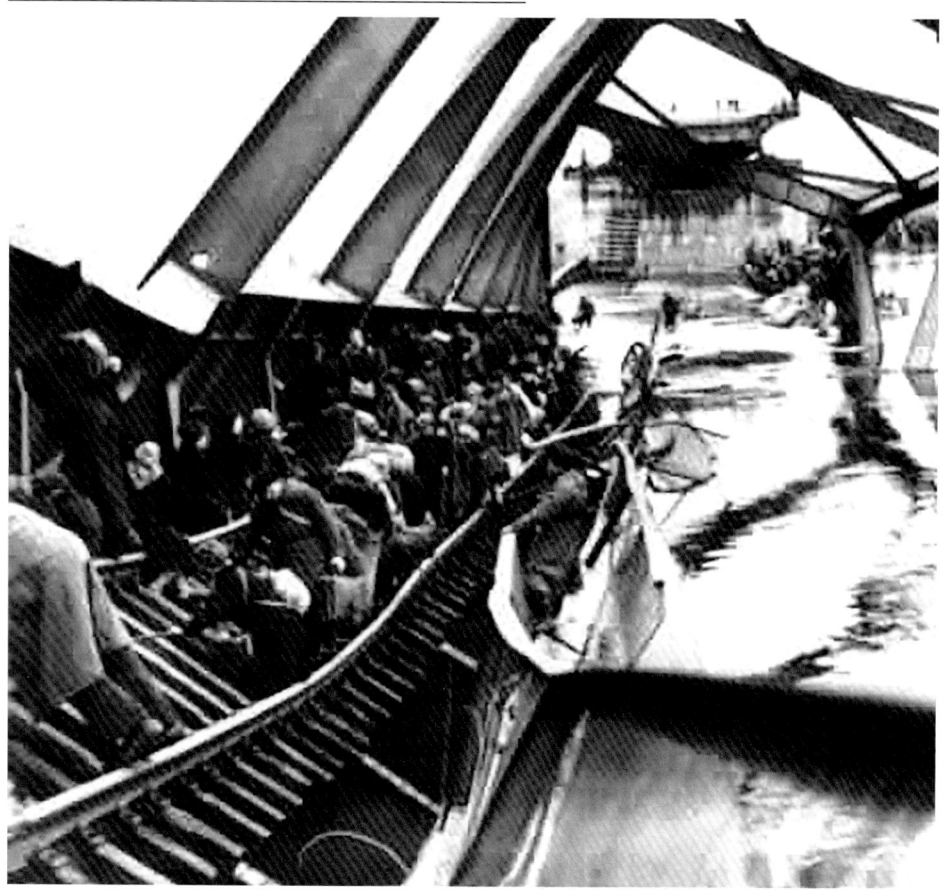

Übergang von deutschen Soldaten und Zivilisten über die Elbe bei Tangermünde, Fotografie Sammlung Schwertfeger.

setzten. Der amerikanische General Moore nennt 65.000 Soldaten, 6.000 Verwundete und 100.00 Zivilisten. In den Mittagsstunden des 8. Mai wurden, entgegen den Stendaler Abmachungen, Soldaten der 12. Armee an die sowjetischen Truppen ausgeliefert. Nach Schätzungen waren es etwa 10.000.

Am 8. Mai 1945 befanden sich rund siebeneinhalb Millionen deutsche Soldaten in Gefangenschaft bei den Westalliierten. Mehr als drei Millionen hat die Rote Armee entwaffnet. Die letzten deutschen Kriegsgefangenen kehrten erst Mitte 1956 aus der Sowjetunion zurück. Viele blieben für immer dort. Die genaue Anzahl kann keiner sagen.

Gedenkstein für die Gefallenen der 12. Armee Wenck im Schlosspark zu Schönhausen an der Elbe.

Gefallenengedenken im Schlosspark zu Schönhausen im April 1995

Am 22. April 1995 versammelten sich Veteranen, Flüchtlingsfrauen und andere Zeitzeugen im Schlosspark des Gutes von Schönhausen an der Elbe und feierten die Enthüllung eines schlichten Gedenksteines für die Gefallenen der 12. Armee Wenck.

In der Andacht, die der Pfarrer Horst Runge aus Neumünster (Einfeld) hielt – der seinerzeit auch Angehöriger der 12. Armee war – erinnerte er an das Geschehen vor 50 Jahren.

Unter dem Eindruck der Andacht sprach der Generalstabschef der 12. Armee, Oberst i.G.a.D. Günther Reichhelm, über das Wunder von Tangermünde, dass im wirklich allerletzten Moment das andere Ufer der Elbe erreicht wurde.

Nach dem Auszug aus der Kirche versammelten sich die Gäste aus der ehemaligen 12. Armee und ihrer Divisionen im Park am Gedenkstein, wo Havelberger Pioniere Ehren-Doppelposten bezogen hatten. Initiator und Organisator war der Hamburger Rechtsanwalt Dr. Paul Kehlenbeck, der an den Kämpfen der Armee Wenck (Division Schill) teilgenommen hat.

Unter Trommelwirbel und beim Trompetensolo vom Lied des Guten Kameraden der Havelberger Pioniere wurden nach der Enthüllung des Gedenksteines Kränze niedergelegt.

Paul Kehlenbeck sprach: „Wovon kündet dieser Stein? Er kündet von unseren im Land zwischen Havel und Elbe bis hin an die Mulde bei Dessau bis hin nach Wittenberg und Potsdam vor 50 Jahren umgekommenen deutschen Soldaten, unseren Kameraden, die uns nie ganz verlassen und unser Leben unsichtbar bis heute begleitet haben. Er kündet von ihrem schweren Soldatentod in letzter Stunde mit dem furchtbaren Bewusstsein, nun doch noch tödlich getroffen worden zu sein, und doch noch sterben zu müssen, und es kommt wie ein Echo von den Gräbern der jungen Russen und Polen ringsrum, denen das gleiche Schicksal beschieden war. Er kündet von dem grenzenlosen Leid der Mütter und der Väter, der Frauen und Geschwister, die vergeblich auf die Heimkehr des Sohnes, des Mannes, des Bruders warteten, den sie schon den Kriegstod entronnen gewähnt hatten und von dessen Ende oft genug noch nicht einmal eine Grabstelle berichtet. Er kündet auch von aufopfernder Tapferkeit und gehorsamer Pflichterfüllung und Opfermut in schier aussichtsloser Lage und von den hier in diesem Park zur Abdeckung des Tangermünder Brückenkopfes bis zuletzt feuernden Geschützbedienungen. Er kündet von der schweren Aufgabe fronterfahrener Offiziere, ihre jungen, oft kaum ausgebildeten Soldaten noch gegen einen weit überlegenen Feind führen zu müssen. Er kündet auch von der Tragik deutscher Geschichte und von der letzten Konsequenz des Zweifrontenkrieges unseres in der Mitte Europas liegenden Vaterlandes. Er kündet aber auch von dem Anbruch einer neuen Etappe der Weltgeschichte, deren erste zaghafte Hoffnungsstrahlen in das Dunkel des Unterganges fielen. Aber der Stein schweigt auch und umschließt mit seinem Schweigen alles das, was menschliche Worte über Leiden, Tod und Tapferkeit, Verzagen und Hoffnung nicht mehr auszudrücken vermögen und was uns über das gesagte Wort hinaus bewegt."[21]

Anmerkungen

[1] Bericht beim Autor
[2] Gellermann, S. 240/241
[3] Bericht beim Autor
[4] Bericht beim Autor
[5] Bericht Archiv Wolter
[6] Bericht beim Autor
[7] 1945. Das Jahr zwischen Krieg und Frieden, Treuenbrietzen und Umgebung, S. 23
[8] Ebenda, S. 24–29
[9] Bericht Archiv Wolter
[10] Bericht Archiv Wolter
[11] Niemegk meldet Panzeralarm, S. 28
[12] Bericht Rolf Stedingk, befindet sich beim Autor
[13] Niemegk meldet Panzeralarm, S. 28/29
[14] Bericht beim Autor
[15] Volksstimme Magdeburg vom 4.2.2015
[16] Schwere Kämpfe in und um Treuenbrietzen
[17] Bericht Archiv Wolter
[18] Bericht Archiv Wolter
[19] Bericht Archiv Wolter
[20] Bericht beim Autor
[21] Zeitschrift Alte Kameraden, Heft 6/1995

Literaturverzeichnis

Günter W. Gellermann, Die Armee Wenck – Hitlers letzte Hoffnung, Bonn [4]2007

Gottfried Herrmann, „... Wittenberg brennt ...", Wittenberg 1999

Wilhelm Tieke, Das Ende zwischen Oder und Elbe – Der Kampf um Berlin 1945, Stuttgart 1995

Henrik Schulze, 19 Tage Krieg, Hoppegarten 2011

Tony le Tissier, Der Kampf um Berlin 1945, Augsburg (1998)

Olaf Groehler, Anhalt im Luftkrieg, Dessau 1945

Günther Reichhelm, Das letzte Aufgebot. Kämpfe der deutschen 12. Armee im Herzen Deutschlands, Ost und West vom 13. April 1945 bis 7. Mai 1945

Maximilian von Edelsheim, Tätigkeiten des XXXXVIII. Panzer-Korps beim amerikanischen Feldzuge in Mitteldeutschland (11. April – 3. Mai 1945), maschinenschrift. Manuskript vom 12.7.1946.

Franz Kurowski, Die 12. Armee zwischen Elbe und Oder. Endkampf um Berlin 1945, 2005

Ders., Hitlers letzte Bastionen. Endkampf um das Reich 1944–1945, Eggolsheim 1990

Jürgen Thorwald, Das Ende an der Elbe, Stuttgart 1966

Jürgen Möller, Endkampf an der Mulde 1945, Bad Langensalza 2012

Horst Kaczmarek, Die Dessauer Chronik – Sonderheft „Speerspitze aus Dessau", Dessau 2005

Uwe Niedersen, (Hrsg.) Soldaten an der Elbe, Dresden (2008)

Mathias Tullner, Sachsen-Anhalt, Geschichte und Geschichten, Anderbeck 2007

Werner Haupt, Das Ende im Osten 1945, Eggolsheim 2009

Beelitzer Heimatverein, Um Beelitz harter Kampf, Beelitz 1999

Percy E. Schramm, Kriegstagebücher des Oberkommandos der Wehrmacht 1944–1945, Teilband 2, Augsburg 1996

Danitz, Siegfried: Niemegk meldet Panzeralarm. 1945 – Das Jahr zwischen Krieg und Frieden. Herausgeber Stadt Niemegk, 1995.

Heimatverein Treuenbrietzen: … schwere Kämpfe in und um Treuenbrietzen, o.J.

Förderverein Museum Burg Eisenhardt e.V.: … das Glockenläuten ist einzustellen!", 1995.

Herrmann, Gottfried: … Wittenberg brennt, [3]2002.

Herrmann, Gottfried: Zusammenbruch und Neuanfang in der Lutherstadt Wittenberg im Jahre 1945, Wittenberg 2002.

Tony de Tissier: Der Kampf um Berlin 1945. Augsburg 1997

Winston S. Churchill, Der zweite Weltkrieg, München, Wien [2]1995

Günter G. Führing, Endkampf an der Oderfront, München [6]2001

Hinweis des Verlages:

Falls Sie dem Verfasser weitere wichtige Informationen und Hinweise zur Infanterie-Divisionen „Ulrich von Hutten" und „Theodor Körner" zukommen lassen wollen, wenden Sie sich bitte an folgende Adresse:

Heinz Ulrich, Butterplan 25, in 39240 Calbe/Saale

Tel.: 039291 515176

Heinz Ulrich – Die Infanterie-Division »Scharnhorst«

Ihr Einsatz im April/Mai 1945

ISBN 978-3-86289-016-3
14,90 Euro

Heinz Ulrich hat viel Material gesammelt über eine Division, die bisher nur nebenbei in Veröffentlichungen zur 12. Armee Wenck vorkommt. Er behandelt alle drei Regimenter einschließlich des Pionier- und Füsilierbataillons gemeinsam mit der Sturmschützenbrigade 1170 in ihren Einsatzgebieten bei Schönebeck, im amerikanischen Brückenkopf östlich der Elbe vor Zerbst und im Raum Köthen, Dessau mit der Kehrtwende im Raum bis Beelitz und dem Rückzug zur Elbe in amerikanische Gefangenschaft.
Seine Ziele sind es:
– einen möglichst genauen Ablauf der Ereignisse zwischen Aufstellung und dem Ende der einzelnen Teile der Division zu geben und dies auch durch Aufzeichnungen von Angehörigen der Division zu untersetzen,
– darzustellen, unter welchen Schwierigkeiten die Angriffe vorgetragen werden mussten und wie unzulänglich die Mittel dazu waren.

Heinz Ulrich – Die Infanterie-Division »Potsdam«

Ihre Aufstellung und ihr Einsatz im April 1945
im Ostharz, an der Elbe und im Raum Köthen

ISBN 978-3-86289-049-1
14,90 Euro

Die Infanterie-Division „Potsdam" ist eine kaum aufgearbeitete Geschichte aus den letzten Tagen des Zweiten Weltkrieges. Sie war zusammen mit ihren Schwesterdivisionen „Ulrich von Hutten", „Scharnhorst" und „Ferdinand von Schill" Ende März/Anfang April 1945 aufgestellt worden und schon am 20. April 1945 nach ganz kurzem Einsatz von 13 Tagen von ihrem Divisions-Kommandeur, Oberst Erich Lorenz, wieder aufgelöst worden.
Während die anderen Divisionen im Verband der 12. Armee unter dem General der Panzertruppe Wenck kämpften und so eine gewisse Bedeutung zusammen mit den RAD-Divisionen „Friedrich Ludwig Jahn" und „Theodor Körner" erlangten, wurde „Potsdam" der 11. Armee unterstellt und teilweise noch in den Harz transportiert, um die „Festung Harz" verteidigen zu helfen. Die Aufgabe der Division war es, den Aufmarschraum der 12. Armee zum Harz im Raum um Blankenburg zu sichern.
Eine Gesamtdarstellung über die Einsätze der Division Potsdam gibt es bisher nicht.

Werner Schmücker – Dreimal Westfront und zurück
Meine Kriegserlebnisse 1914–1918, herausgegeben von Gisela Zahalka

ISBN 978-3-86289-115-3, 24,99 Euro

Werner Schmücker steht stellvertretend für eine ganze Generation Kriegsteilnehmer des Ersten Weltkrieges – der Urkatastrophe des 20. Jahrhunderts. Er meldete sich, 27-jährig, am 16. August 1914 freiwillig für den Kriegseinsatz. Bis Ende Februar 1916 kämpfte Werner Schmücker in den Stellungskämpfen um Reims und beschreibt in seinen Kriegserinnerungen eindringlich, ohne jedoch Zweifel an der Sinnhaftigkeit des Krieges aufkommen zu lassen, die Härte der Stellungskriegskämpfe. Er nahm an der Schlacht an der Somme (Juli 1916), an den Stellungskämpfen in Artois, an der Schlacht von Arras (Mai 1917) und an den Kämpfen bei Lens (August 1917) teil. Am 25. Juli 1918 wurde Werner Schmücker aus der Armee entlassen.

Seine Beschreibungen sind vor allem durch einen hohen Realismus gekennzeichnet, das heißt, er vermeidet eine Heroisierung und Verklärung des Ersten Weltkrieges. Selten finden sich aber auch Wertungen über die Härte des Krieges oder über Entscheidungen seiner Vorgesetzten.

Horst Schöll – Getreu bis zur Gefangenschaft
Deutsche Fallschirmjäger am Monte Cassino.
Eine autobiografische Erzählung, Band II

ISBN 978-3-935358-90-3, 20,40 Euro

NIE WIEDER KRIEG – denn der Krieg kennt keine Sieger, sondern nur Verlierer. Um zu dieser Schlussfolgerung zu kommen, musste ich als Vertreter der verratenen Generation den Kelch der Erkenntnisse bis zur bitteren Neige leeren. Führer befiel – wir folgen. In der Jugend systematisch zum Krieg erzogen, marschierte ich um den halben Erdball und kämpfte laut Führerbefehl zur angeblichen Verteidigung der Heimat um jeden Meter Boden der fremden Erde. Ich hielt so manchen sterbenden Kameraden in meinen zerschundenen Armen und stellte mir immer wieder voller innerer Empörung die Frage: WARUM? – Für Wen? Die Toten, Verwundeten sowie die vielen Kriegsversehrten haben mein Inneres erheblich verändert. Die Einstellung, diesem sinnlosen Gemetzel zu entfliehen, nahm immer mehr konkrete Formen an. Die Figur Kurt Rödel ist meinen besten Freunden und Kameraden gewidmet, die im faschistischen Eroberungskrieg ihr junges Leben hergeben mussten.

Franz Utracik – Das Leben war ein Würfelspiel
Vom Flieger zum Fallschirmpanzergrenadier – Chronik einer Jugend

ISBN 978-3-935358-18-7, 20,40 Euro

Ein junger Landser erzählt seine Erlebnisse und Eindrücke in den letzten Tagen des Zweiten Weltkrieges. Ruhig, sachlich, unpathetisch. In der Lehre als Flugzeugmechaniker wird er schon vorbereitet. Hier dokumentiert Franz Utracik zugleich Geschichten aus der Geschichte eines fast vergessenen Großbetriebes, der AGO-Flugzeugwerke in Oschersleben. Eingezogen zu den Fliegern, dann in Frankreich als Bordfunker eingesetzt und nach der faktischen Auflösung der Luftwaffe wegen Treibstoffmangels zu einem Fallschirmpanzerkorps in Ostpreußen versetzt, erlebt er mit diesem die letzten Wochen des Krieges im Osten. Er sieht die Sinnlosigkeit der Opfer, die flüchtenden Zivilisten, die sich zwischen den Fronten bewegen, ist dabei, als Tausende bei Balga die letzten Gelegenheiten nutzen wollen, um nicht in Gefangenschaft zu geraten. Und er wird noch eingesetzt, um in Sachsen und der Tschechoslowakei den Krieg für einen Führer selbst dann noch zu führen, als dieser sich schon selbst der Verantwortung entzogen hat. Franz Utracik kommentiert wenig. Er schildert nur das Geschehen, und das aus der Sicht eines Menschen, der nicht überblicken kann, was hier geschieht, sondern der nur von einem Einsatz zum anderen geschickt wird. Er will seine scheinbare Pflicht tun, aber er will auch am Leben bleiben. Und er ist jung. Damit enthält dieses Buch das, was wohl Millionen junger deutscher Männer so oder so ähnlich in diesen letzten Kriegstagen gedacht und erlebt haben.